Ich werde KOPFRECHEN-PROFI

Klasse 1/2

Strategien, Übungen und Spiele zum selbstständigen Kopfrechnen

Verlag an der Ruhr

IMPRESSUM

Titel
Ich werde Kopfrechen-Profi – Klasse 1/2
Strategien, Übungen und Spiele zum selbstständigen Kopfrechnen

Autor
Bernd Wehren

Umschlagmotive
Zahlenmotiv: © ANNA_KOVA; Siegerpodest: © NotionPic – beide Shutterstock.com

Illustrationen
Anja Boretzki, sofern nicht anders angegeben
Pokal im Innenteil: © johavel – Shutterstock.com

Druck
Heenemann GmbH & Co. KG, Berlin, DE

Verlag an der Ruhr
Mülheim an der Ruhr
www.verlagruhr.de

Geeignet für die Klassen 1–2

ISBN 978-3-8346-6066-4

INHALTSVERZEICHNIS

EINLEITUNG

Beim Kopfrechnen werden mathematische Aufgaben im Kopf gelöst. Dabei werden keine Hilfsmittel (z. B. Rechenrahmen, Plättchen, Taschenrechner o. Ä.) benutzt. Allerdings darf der „Kopfrechner" oder die „Kopfrechnerin" Rechentricks und Rechentechniken verwenden, die u. a. auf den Rechengesetzen beruhen.

Lehrer*innen, aber auch Eltern wünschen, dass die Kinder das Kopfrechnen am Ende der Grundschulzeit besser beherrschen – auch im Hinblick auf den weiteren Schul- und Lebensweg.
Kopfrechnen im Zahlenraum bis 100 ist Bestandteil in den Lehrplänen.
Zudem ist Kopfrechnen auch im Zeitalter von Computer und Smartphone wichtig, um z. B. im Supermarkt Geldbeträge schnell ausrechnen zu können oder um in späteren Schuljahren (schriftliche) Rechenaufgaben auch in größeren Zahlenräumen zügig berechnen zu können. Man kann also mit Kopfrechnen Zeit ersparen.

Kopfrechnen fällt aber nicht allen Kindern leicht, sodass einfaches, spielerisches Übungsmaterial sinnvoll ist:
Mit dem Kopfrechen-Profi-Material trainieren die Kinder schrittweise Additions- und Subtraktionsaufgaben bis 100 (Bronze-Trainingsteil, S. 14–29), das kleine Einmaleins (Silber-Trainingsteil, S. 38–49) und zuletzt das kleine Einsdurcheins (Gold-Trainingsteil, S. 58–69) – jeweils in Einzel- und dann in Partnerarbeit. Ergänzend dazu, können die Kinder vor und nach jedem Trainingsteil das Kopfrechnen im Klassenverband mit den Kopfrechen-Spiele-Postern trainieren und festigen. Nach jedem Übungsteil führen Sie erst die „Generalprobe" in Form einer Lernzielkontrolle durch, bevor die eigentliche „Prüfung" als abschließende Lernzielkontrolle stattfindet.

Sie können die Arbeitsblätter im Mathematikunterricht am Ende des 1. bis Anfang des 3. Schuljahres und im Förderunterricht des 3. und 4. Schuljahres einsetzen, aber auch in der Frei-, Wochenplan- und Stationsarbeit.

Zum Aufbau des Materials

Das Übungsmaterial ist nach folgenden Prinzipien aufgebaut:

a) von leicht nach schwer,
b) wiederholendes, strukturiertes, spielerisches Üben,
c) unterschiedliche Arbeitsformen (Einzel-, Partnerarbeit, Plenum),
d) Hilfe durch Punktefelder, Zahlenstrahlen und Kopfrechentricks,
e) Lösen von Kopfrechen-Aufgaben nach Gehör,
f) Selbstkontrollmöglichkeit und
g) „Doppelseiten-Konzept" = Hinführung (Einzel-Kopfrechnen), dann Vertiefung (Partner-Kopfrechnen)

Lernstandsbogen
Bitte kopieren Sie den Lernstandsbogen 2-mal und tragen Sie die Namen der Kinder ein. Machen Sie sich vor und nach jeder Prüfung kurze Notizen zu den Stärken und Schwächen der Kinder beim Kopfrechnen.
Den ausgefüllten Lernstandsbogen können Sie für Elterngespräche und Zeugnisse nutzen.
Damit Sie den Überblick behalten, kreuzen Sie die Nummern der in der Klasse eingesetzten Arbeitsblätter durch.

* Der Verlag an der Ruhr legt großen Wert auf eine geschlechtergerechte und inklusive Sprache. Daher nutzen wir das Gendersternchen, um sowohl männliche und weibliche als auch nichtbinäre Geschlechtsidentitäten einzuschließen. Alternativ verwenden wir neutrale Formulierungen. In Texten für Schüler*innen finden sich aus didaktischen Gründen neutrale Begriffe bzw. Doppelformen.

EINLEITUNG

Einzel-Kopfrechnen (Daumen-Kärtchen)
Die Kärtchen können die Kinder jeweils ausschneiden, hintereinander stapeln, in eine Hand nehmen, das Ergebnis mit dem Daumen verdecken und die Aufgaben im Kopf in Einzelarbeit in der Schule und zu Hause ausrechnen. Wenn sie die oberste Karte nach oben mit der anderen Hand wegziehen, sehen sie das korrekte Ergebnis und haben eine Selbstkontrolle. Richtig im Kopf gerechnet? Dann ablegen. Falsch? Dann wieder hinter den Stapel schieben.

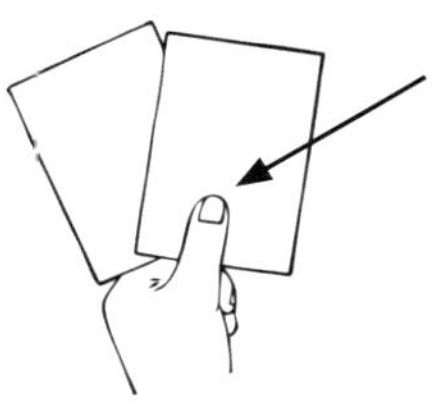

Das Ergebnis wird vom Daumen verdeckt.

(Bei Bedarf auf Karton und auf DIN A3 vergrößert kopieren.)

Partner-Kopfrechnen (Faltblätter)
Zwei Kinder rechnen 2-mal das gleiche Übungsblatt gemeinsam oder alleine schriftlich aus, falten eins der zwei Blätter in der Mitte an der gestrichelten Faltlinie, stellen es zwischen sich und können sich in Partnerarbeit gegenseitig Kopfrechenaufgaben stellen. Kopieren Sie die Lösungsseiten „Partner-Kopfrechnen" (S. 74–79) auf DIN A4 und legen Sie die entsprechenden Lösungen für eine mögliche Selbstkontrolle im Klassenraum aus.

Tipp: Die Kinder können die „Daumen-Kärtchen" und „Partner-Kopfrechnen-Faltblätter" mit nach Hause nehmen und so z. B. mit ihren (Groß-)Eltern oder Geschwistern üben und das Kopfrechnen vertiefen.

Kopfrechnen-Spiele
Zu jedem Trainingsteil (Bronze, Silber, Gold) finden Sie passgenaue Kopfrechen-Spiele-Poster. Hängen Sie diese entsprechend zu Beginn jedes Trainingsteils, auf DIN A3 vergrößert, an die Tafel. Haben die Kinder die Kopfrechenübungen in Einzel- oder Partnerarbeit gemacht, sollten Sie im Anschluss unbedingt eine kurze Kopfrechen-Übungs- bzw. Überprüfungsphase im Klassenverband durchführen. Stellen Sie hierzu z. B. den Kindern mündlich nur die von ihnen geübten Aufgaben (und lassen Sie die Kinder das Ergebnis laut sagen) oder/und lassen Sie sie Kopfrechen-Spiele spielen. Spielen Sie die Spiele im Klassenverband, bevor die Kinder die „Generalproben" und „Prüfungen" durchführen.

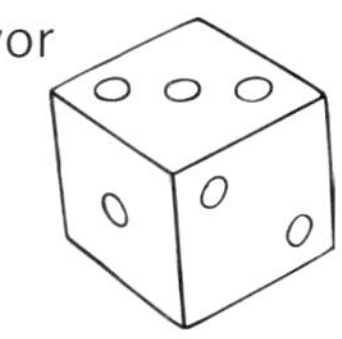

Kopfrechentrick-Poster (Hilfskarten)
Auf den Postern sind Hilfen u.a. zu den mathematischen Fachbegriffen, zu Tausch- und Umkehraufgaben, zu 1x1-Königsaufgaben und zu Teilbarkeitsregeln abgebildet. Kopieren Sie sie auf DIN A3 oder DIN A2. Hängen Sie sie zu Beginn des Bronze-, Silber- und Gold-Trainings an die Tafel. Dies hilft den Kindern, sich an wichtige Rechengesetze und Kopfrechenverfahren zu erinnern.
Sie können die Postervorlagen auch auf DIN-A6-Karton kopieren, um griffbereite Kopfrechentrick-Hilfskarten für das Etui der Kinder herzustellen.

Kopfrechen-Pass, Anschauungsmaterial und Kopfrechen-Urkunde
Kopieren Sie die Seite 7 und die Urkunde (S. 8) auf Karton und in Klassenstärke. Wenn die Kinder eine Prüfung bestanden haben, tragen Sie dies im Pass ein. Auf dem Pass können die Kinder zudem selbst abhaken, welche Arbeitsblätter und Übungen sie in den einzelnen Trainingsteilen bereits absolviert haben. Den Pass und das Anschauungsmaterial sollten die Kinder in ihren Mäppchen aufbewahren und so immer griffbereit haben. Belohnen Sie die Kinder ganz am Ende mit der Kopfrechen-Urkunde.

Viel Spaß und Erfolg auf dem Weg zum Kopfrechen-Profi wünscht Ihnen und Ihren Schüler*innen

Bernd Wehren

LERNSTANDSBOGEN – STÄRKEN, SCHWÄCHEN, TIPPS BEIM KOPFRECHNEN

Kopfrechen-Trick-Poster: 1, 2, 3, 4, 5, 6, 7, 8, 9, 10, 11, 12, 13, 14
Kopfrechen-Spiele: 1, 2, 3, 4, 5, 6, 7, 8
Kopfrechen-Arbeitsblätter: 1, 2, 3, 4, 5, 6, 7, 8, 9, 10, 11, 12, 13, 14, 15, 16, 17, 18, 19, 20, 21, 22, 23, 24, 25, 26, 27, 28, 29, 30, 31, 32, 33, 34, 35, 36, 37, 38, 39, 40

Name	Bronze + -	Silber •	Gold :	Fazit

VORLAGE KOPFRECHEN-PASS

BRONZE-Trainingsteil

Kreuze bearbeitete Übungsseiten durch.

① ② ③ ④ ⑤ ⑥ ⑦ ⑧ ⑨ ⑩ ⑪ ⑫ ⑬ ⑭ ⑮ ⑯

❍ Generalprobe ❍ Prüfung

Bronze-Prüfung bestanden: ______________
Datum, Unterschrift

SILBER-Trainingsteil

Kreuze bearbeitete Übungsseiten durch.

⑰ ⑱ ⑲ ⑳ (21) (22) (23) (24) (25) (26) (27) (28)

❍ Generalprobe ❍ Prüfung

Silber-Prüfung bestanden: ______________
Datum, Unterschrift

GOLD-Trainingsteil

Kreuze bearbeitete Übungsseiten durch.

(29) (30) (31) (32) (33) (34) (35) (36) (37) (38) (39) (40)

❍ Generalprobe ❍ Prüfung

Gold-Prüfung bestanden: ______________
Datum, Unterschrift

Mein Kopfrechen-Pass

Name: ______________

Klasse: ______________

VORLAGEN ANSCHAUUNGSMATERIALIEN

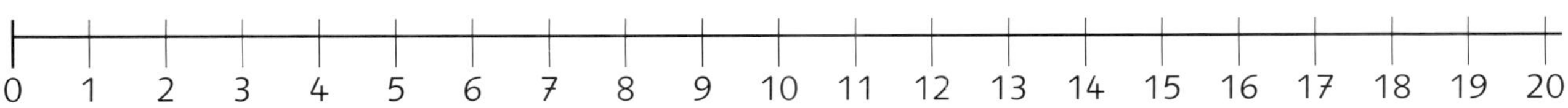

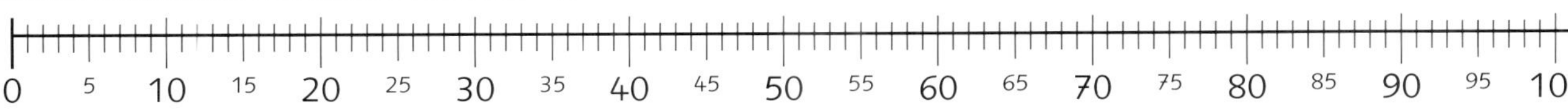

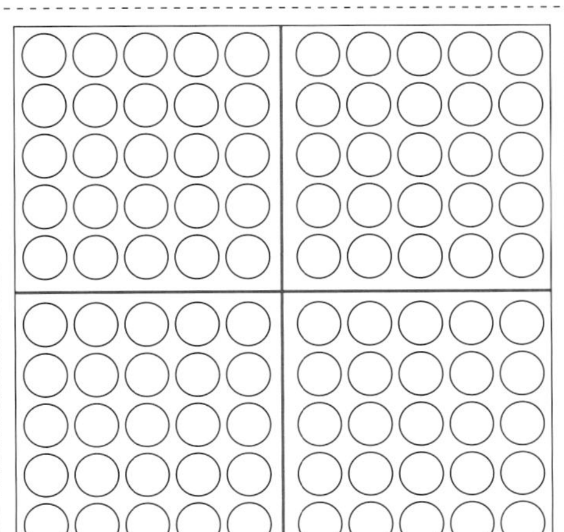

1	2	3	4	5	6	7	8	9	10
11	12	13	14	15	16	17	18	19	20
21	22	23	24	25	26	27	28	29	30
31	32	33	34	35	36	37	38	39	40
41	42	43	44	45	46	47	48	49	50
51	52	53	54	55	56	57	58	59	60
61	62	63	64	65	66	67	68	69	70
71	72	73	74	75	76	77	78	79	80
81	82	83	84	85	86	87	88	89	90
91	92	93	94	95	96	97	98	99	100

URKUNDE
FÜR

....

✔ Du kannst Kopfrechenaufgaben bis 100 schnell und sicher ausrechnen.

✔ Du kennst Kopfrechen-Spiele und -tricks, mit denen du Plus-, Minus-, Mal- und Teilaufgaben üben und ausrechnen kannst.

$56 + 29 = 85$
$91 - 68 = 23$
$7 \cdot 7 = 49$
$54 : 9 = 6$

DU BIST EIN KOPFRECHEN-PROFI!

Toll! Weiter so!

Datum, Unterschrift: ....

BRONZE-TRAININGSTEIL

Einspluseins und Einsminuseins bis 20 und bis 100

KOPFRECHENTRICK-POSTER (HILFSKARTEN) 1 UND 2

Additionsaufgaben

Addition oder addieren bedeutet hinzufügen oder zusammenzählen.

13	+	7	=	20
Summand	plus	Summand	gleich	Summe

Subtraktionsaufgaben

Subtraktion oder subtrahieren bedeutet wegnehmen oder abziehen.

19	–	5	=	14
Minuend	minus	Subtrahend	gleich	Differenz

Tauschaufgaben

Bei Plusaufgaben darf man die Zahlen tauschen. Dies kann das Rechnen erleichtern:

$$2 + 7 = 9$$

$$7 + 2 = 9$$

Anja Boretzki

Bei Minusaufgaben darf man die Zahlen nicht tauschen!

KOPFRECHENTRICK-POSTER (HILFSKARTEN) 3 UND 4

Umkehraufgaben

Um dein Ergebnis zu überprüfen, kannst du die **Rechenzeichen** und die **erste Zahl** mit dem **Ergebnis tauschen**.

(+)

$7 - 2 = 5 \rightarrow 5 + 2 = 7$

(–)

$6 + 3 = 9 \rightarrow 9 - 3 = 6$

Platzhalteraufgaben

(–)

$6 + \_\_ = 7 \rightarrow 7 - 6 = \mathbf{1}$

(–)

$\_\_ + 2 = 5 \rightarrow 5 - 2 = \mathbf{3}$

(–)

$9 - \_\_ = 4 \rightarrow 9 - 4 = \mathbf{5}$

(+)

$\_\_ - 2 = 8 \rightarrow 8 + 2 = \mathbf{10}$

KOPFRECHENTRICK-POSTER (HILFSKARTEN) 5 UND 6

Zehnerüberschreitung und Zehnerunterschreitung bis 20

Vorwärtszählen

$9 + 4 = 10, 11, 12, \underline{13}$

Rückwärtszählen

$12 - 5 = 11, 10, 9, 8, \underline{7}$

Zerlegen zum vollen Zehner

$8 + 6 = \underline{8 + 2} + 4 = \underline{10} + 4 = 14$

Zerlegen zum vollen Zehner

$13 - 7 = \underline{13} - \underline{3} - 4 = \underline{10} - 4 = 6$

Verdoppeln

$7 + 5 = \underline{7 + 7} - 2 = 12$

$7 + 5 = \underline{5 + 5} + 2 = 12$

Rechnen mit der 10

$8 + 9 = 8 + 10 - 1 = 17$

Rechnen mit der 10

$16 - 9 = 16 - 10 + 1 = 7$

Halbschriftliche Addition und Subtraktion bis 100

1. Zuerst den Zehner, dann den Einer!

$56 + \underline{2}8 = 56 + \underline{20} + 8 = 84$

$63 - \underline{4}5 = 63 - \underline{40} - 5 = 18$

2. Zuerst den Einer, dann den Zehner!

$56 + 2\underline{8} = 56 + \underline{8} + 20 = 84$

$63 - 4\underline{5} = 63 - \underline{5} - 40 = 18$

3. Zum nächsten vollen Zehner zerlegen!

$38 + 19 = \underline{38 + 2} + 17 = 57$

$\underline{40} + 17 = 57$

$93 - 38 = \underline{93 - 3} - 35 = 55$

$\underline{90} - 35 = 55$

KOPFRECHENTRICK-POSTER (HILFSKARTEN) 7 UND 8

Analogieaufgaben

Schwierigere Aufgaben kannst du schneller lösen, indem du **ähnliche Aufgaben berechnest**. Dies ist sinnvoll bei Aufgaben **ohne Zehnerüberschreitung oder Zehnerunterschreitung**.

$5 + 3 = 8$, also ist $50 + 30 = 80$

$4 + 2 = 6$, also ist $34 + 2 = 36$

$9 - 2 = 7$, also ist $90 - 20 = 70$

$8 - 5 = 3$, also ist $48 - 5 = 43$

Gegensinniges und gleichsinniges Verändern

Beim **gegensinnigen Verändern** wird eine Zahl einer **Plusaufgabe** erhöht und die andere Zahl genau um diese Zahl verringert. Das ist dann sinnvoll, wenn eine Zahl nahe an einem vollen Zehner ist.

nah bei der 10				um 1 erhöht		um 1 verringert		
9	+	4	=	10	+	3	=	13

		nah bei der 40		um 2 verringert		um 2 erhöht		
7	+	38	=	5	+	40	=	45

Beim **gleichsinnigen Verändern** bei **Minusaufgaben** bleibt die Differenz immer gleich. So kannst du schwierigere Minusaufgaben leichter machen:

$12 - 7 = \underline{5}$ → $11 - 6 = \underline{5}$ → $10 - 5 = 5$ ← $9 - 4 = \underline{5}$ ← $8 - 3 = \underline{5}$

EINZEL-KOPFRECHNEN 1

1. Schneide die Kärtchen aus und lege sie aufeinander.
2. Nimm die Kärtchen in eine Hand. Lege den Daumen auf das Ergebnis.
3. Rechne die Aufgabe der oberen Karte. Kontrolliere, indem du diese Karte nach oben ziehst und das Ergebnis sichtbar wird.
   Falsch gerechnet? Stecke die Karte hinter den Stapel.
   Richtig gerechnet? Lege die Karte zur Seite.

1 + 1 2	**2 + 2** 4	**3 + 3** 6	**4 + 4** 8	**5 + 5** 10	**4 + 9** 13
6 + 6 12	**7 + 7** 14	**8 + 8** 16	**9 + 9** 18	**10 + 10** 20	**5 + 7** 12
6 + 2 8	**7 + 3** 10	**8 + 2** 10	**5 + 4** 9	**10 + 5** 15	**6 + 8** 14
4 + 6 10	**3 + 5** 8	**5 + 4** 9	**6 + 3** 9	**7 + 3** 10	**7 + 4** 11
11 + 3 14	**12 + 4** 16	**13 + 7** 20	**14 + 4** 18	**15 + 2** 17	**8 + 5** 13
16 + 4 20	**17 + 2** 19	**15 + 3** 18	**12 + 7** 19	**11 + 6** 17	**14 + 5** 19
5 + 11 16	**2 + 12** 14	**4 + 13** 17	**6 + 14** 20	**8 + 12** 20	**11 + 9** 20

PARTNER-KOPFRECHNEN 2

1. Rechne alle Aufgaben aus – alleine oder mit einem Partnerkind.
2. Falte das Blatt an der gestrichelten Linie. Stelle es zwischen dir und deinem Partnerkind auf.
3. Stellt euch nun abwechselnd Kopfrechenaufgaben.

1 + 4 = ___	8 + 12 = ___	8 + 4 = ___	5 + 9 = ___
6 + 2 = ___	12 + 5 = ___	6 + 5 = ___	6 + 6 = ___
3 + 5 = ___	11 + 4 = ___	3 + 9 = ___	8 + 5 = ___
7 + 3 = ___	6 + 12 = ___	7 + 7 = ___	7 + 9 = ___
4 + 4 = ___	13 + 5 = ___	9 + 4 = ___	5 + 5 = ___
8 + 2 = ___	7 + 13 = ___	8 + 8 = ___	8 + 7 = ___
2 + 5 = ___	14 + 4 = ___	5 + 7 = ___	2 + 9 = ___

altlinie)

PARTNER-KOPFRECHNEN 2

1. Rechne alle Aufgaben aus – alleine oder mit einem Partnerkind.
2. Falte das Blatt an der gestrichelten Linie. Stelle es zwischen dir und deinem Partnerkind auf.
3. Stellt euch nun abwechselnd Kopfrechenaufgaben.

14 + 5 = ___	7 + 2 = ___	4 + 9 = ___	7 + 8 = ___
7 + 12 = ___	4 + 5 = ___	7 + 5 = ___	9 + 6 = ___
12 + 6 = ___	8 + 1 = ___	9 + 3 = ___	8 + 9 = ___
8 + 11 = ___	2 + 6 = ___	5 + 10 = ___	7 + 4 = ___
11 + 5 = ___	2 + 4 = ___	5 + 8 = ___	6 + 7 = ___
7 + 11 = ___	6 + 3 = ___	8 + 3 = ___	2 + 9 = ___
13 + 6 = ___	3 + 7 = ___	6 + 9 = ___	4 + 8 = ___

EINZEL-KOPFRECHNEN 3

1. Schneide die Kärtchen aus und lege sie aufeinander.
2. Nimm die Kärtchen in eine Hand. Lege den Daumen auf das Ergebnis.
3. Rechne die Aufgabe der oberen Karte. Kontrolliere, indem du diese Karte nach oben ziehst und das Ergebnis sichtbar wird.
   Falsch gerechnet? Stecke die Karte hinter den Stapel.
   Richtig gerechnet? Lege die Karte zur Seite.

3 – 1 2	**6 – 2** 4	**9 – 3** 6	**10 – 2** 8	**20 – 10** 10	**18 – 14** 4
18 – 6 12	**17 – 3** 14	**18 – 2** 16	**20 – 2** 18	**20 – 5** 15	**17 – 11** 6
9 – 2 7	**10 – 4** 6	**16 – 4** 12	**17 – 6** 11	**18 – 3** 15	**16 – 13** 3
8 – 4 4	**6 – 3** 3	**10 – 5** 5	**7 – 6** 1	**9 – 7** 2	**15 – 12** 3
5 – 2 3	**6 – 5** 1	**8 – 5** 3	**7 – 5** 2	**4 – 2** 2	**14 – 11** 3
18 – 9 9	**16 – 8** 8	**14 – 7** 7	**12 – 6** 6	**17 – 9** 8	**12 – 3** 9
15 – 8 7	**13 – 7** 6	**11 – 6** 5	**20 – 12** 8	**19 – 13** 6	**18 – 14** 4

PARTNER-KOPFRECHNEN 4

1. Rechne alle Aufgaben aus – alleine oder mit einem Partnerkind.
2. Falte das Blatt an der gestrichelten Linie. Stelle es zwischen dir und deinem Partnerkind auf.
3. Stellt euch nun abwechselnd Kopfrechenaufgaben.

9 – 5 = ____	17 – 6 = ____	17 – 8 = ____	15 –12 = ____
6 – 3 = ____	15 – 1 = ____	16 – 9 = ____	16 –13 = ____
4 – 2 = ____	13 – 1 = ____	13 – 7 = ____	18 –15 = ____
8 – 4 = ____	16 – 3 = ____	15 – 6 = ____	17 –11 = ____
7 – 6 = ____	14 – 2 = ____	14 – 5 = ____	19 –14 = ____
5 – 2 = ____	19 – 5 = ____	12 – 6 = ____	14 –12 = ____
3 – 1 = ____	18 – 4 = ____	11 – 4 = ____	13 –12 = ____

altlinie)

PARTNER-KOPFRECHNEN 4

1. Rechne alle Aufgaben aus – alleine oder mit einem Partnerkind.
2. Falte das Blatt an der gestrichelten Linie. Stelle es zwischen dir und deinem Partnerkind auf.
3. Stellt euch nun abwechselnd Kopfrechenaufgaben.

16 – 2 = ____	9 – 4 = ____	19 –16 = ____	13 – 8 = ____
14 – 1 = ____	8 – 6 = ____	14 –11 = ____	15 – 7 = ____
15 – 2 = ____	6 – 2 = ____	15 –13 = ____	14 – 7 = ____
18 – 5 = ____	3 – 2 = ____	16 –12 = ____	12 – 3 = ____
17 – 3 = ____	7 – 2 = ____	18 –14 = ____	11 – 5 = ____
18 – 7 = ____	9 – 6 = ____	17 –15 = ____	17 – 9 = ____
17 – 4 = ____	6 – 4 = ____	13 –11 = ____	16 – 8 = ____

EINZEL-KOPFRECHNEN 5

1. Schneide die Kärtchen aus und lege sie aufeinander.
2. Nimm die Kärtchen in eine Hand. Lege den Daumen auf das Ergebnis.
3. Rechne die Aufgabe der oberen Karte. Kontrolliere, indem du diese Karte nach oben ziehst und das Ergebnis sichtbar wird.
   Falsch gerechnet? Stecke die Karte hinter den Stapel.
   Richtig gerechnet? Lege die Karte zur Seite.

10 + 10 20	**20 + 20** 40	**30 + 30** 60	**40 + 40** 80	**50 + 50** 100	**4 + 60** 64
60 + 30 90	**70 + 30** 100	**80 + 10** 90	**90 + 10** 100	**10 + 50** 60	**1 + 70** 71
60 + 20 80	**70 + 20** 90	**80 + 20** 100	**50 + 40** 90	**10 + 30** 40	**3 + 80** 83
30 + 40 70	**20 + 30** 50	**20 + 50** 70	**40 + 60** 100	**10 + 60** 70	**7 + 40** 47
20 + 3 23	**50 + 4** 54	**70 + 7** 77	**90 + 4** 94	**30 + 2** 32	**8 + 50** 58
60 + 9 69	**70 + 8** 78	**50 + 6** 56	**40 + 1** 41	**80 + 5** 85	**30 + 8** 38
5 + 30 35	**2 + 90** 92	**4 + 50** 54	**6 + 20** 26	**8 + 40** 48	**7 + 60** 67

Addition bis 100;
Z + Z oder E

PARTNER-KOPFRECHNEN 6

1. Rechne alle Aufgaben aus – alleine oder mit einem Partnerkind.
2. Falte das Blatt an der gestrichelten Linie. Stelle es zwischen dir und deinem Partnerkind auf.
3. Stellt euch nun abwechselnd Kopfrechenaufgaben.

10+30 = ____	30+30 = ____	20 + 3 = ____	1 + 70 = ____
60+10 = ____	10+50 = ____	50 + 5 = ____	2 + 60 = ____
30+50 = ____	10+10 = ____	40 + 3 = ____	5 + 20 = ____
70+10 = ____	60+30 = ____	60 + 4 = ____	4 + 60 = ____
40+40 = ____	30+40 = ____	20 + 7 = ____	1 + 90 = ____
30+20 = ____	40+50 = ____	70 + 3 = ____	3 + 80 = ____
20+50 = ____	70+20 = ____	50 + 4 = ____	7 + 40 = ____

(Faltlinie)

PARTNER-KOPFRECHNEN 6

1. Rechne alle Aufgaben aus – alleine oder mit einem Partnerkind.
2. Falte das Blatt an der gestrichelten Linie. Stelle es zwischen dir und deinem Partnerkind auf.
3. Stellt euch nun abwechselnd Kopfrechenaufgaben.

60+20 = ____	10+40 = ____	7 + 20 = ____	70 + 4 = ____
40+30 = ____	30+60 = ____	5 + 60 = ____	50 + 3 = ____
20+50 = ____	20+10 = ____	2 + 90 = ____	20 + 5 = ____
50+40 = ____	50+10 = ____	4 + 80 = ____	50 + 6 = ____
80+10 = ____	20+20 = ____	8 + 70 = ____	40 + 1 = ____
20+40 = ____	60+40 = ____	1 + 60 = ____	60 + 7 = ____
70+20 = ____	40+10 = ____	9 + 40 = ____	20 + 8 = ____

EINZEL-KOPFRECHNEN 7

1. Schneide die Kärtchen aus und lege sie aufeinander.
2. Nimm die Kärtchen in eine Hand. Lege den Daumen auf das Ergebnis.
3. Rechne die Aufgabe der oberen Karte. Kontrolliere, indem du diese Karte nach oben ziehst und das Ergebnis sichtbar wird.
   Falsch gerechnet? Stecke die Karte hinter den Stapel.
   Richtig gerechnet? Lege die Karte zur Seite.

30 – 10 20	**60 – 20** 40	**90 – 30** 60	**80 – 50** 30	**70 – 30** 40	**90 – 9** 81
80 – 60 20	**70 – 50** 20	**80 – 20** 60	**60 – 30** 30	**90 – 50** 40	**80 – 8** 72
50 – 20 30	**40 – 30** 10	**60 – 40** 20	**70 – 60** 10	**90 – 70** 20	**70 – 7** 63
80 – 40 40	**60 – 10** 50	**40 – 20** 20	**100 – 80** 20	**100 – 50** 50	**60 – 6** 54
50 – 2 48	**60 – 5** 55	**80 – 1** 79	**70 – 4** 66	**40 – 6** 34	**50 – 5** 45
30 – 9 21	**100 – 3** 97	**90 – 7** 83	**50 – 6** 44	**60 – 9** 51	**40 – 5** 35
80 – 5 75	**40 – 1** 39	**70 – 8** 62	**30 – 4** 26	**100 – 2** 98	**90 – 2** 88

Subtraktion bis 100;
Z – Z oder E

60 – 30 = ____	30 – 20 = ____	60 – 9 = ____	60 – 3 = ____
40 – 20 = ____	90 – 90 = ____	30 – 7 = ____	80 – 5 = ____
80 – 40 = ____	60 – 10 = ____	50 – 6 = ____	70 – 1 = ____
70 – 60 = ____	40 – 30 = ____	40 – 5 = ____	90 – 6 = ____
50 – 20 = ____	80 – 60 = ____	80 – 6 = ____	40 – 4 = ____
30 – 10 = ____	90 – 80 = ____	90 – 4 = ____	30 – 9 = ____
20 – 20 = ____	70 – 20 = ____	100 – 9 = ____	100 – 7 = ____

1. Rechne alle Aufgaben aus – alleine oder mit einem Partnerkind.
2. Falte das Blatt an der gestrichelten Linie. Stelle es zwischen dir und deinem Partnerkind auf.
3. Stellt euch nun abwechselnd Kopfrechenaufgaben.

PARTNER-KOPFRECHNEN 8

(Faltlinie)

PARTNER-KOPFRECHNEN 8

1. Rechne alle Aufgaben aus – alleine oder mit einem Partnerkind.
2. Falte das Blatt an der gestrichelten Linie. Stelle es zwischen dir und deinem Partnerkind auf.
3. Stellt euch nun abwechselnd Kopfrechenaufgaben.

60 – 40 = ____	80 – 50 = ____	90 – 4 = ____	100 – 4 = ____
90 – 20 = ____	70 – 40 = ____	40 – 6 = ____	70 – 7 = ____
50 – 40 = ____	50 – 30 = ____	30 – 7 = ____	60 – 3 = ____
40 – 20 = ____	90 – 30 = ____	100 – 9 = ____	30 – 2 = ____
90 – 10 = ____	60 – 20 = ____	50 – 3 = ____	50 – 1 = ____
80 – 70 = ____	40 – 10 = ____	60 – 2 = ____	40 – 5 = ____
90 – 70 = ____	10 – 10 = ____	80 – 8 = ____	80 – 5 = ____

EINZEL-KOPFRECHNEN 9

1. Schneide die Kärtchen aus und lege sie aufeinander.
2. Nimm die Kärtchen in eine Hand. Lege den Daumen auf das Ergebnis.
3. Rechne die Aufgabe der oberen Karte. Kontrolliere, indem du diese Karte nach oben ziehst und das Ergebnis sichtbar wird.
   Falsch gerechnet? Stecke die Karte hinter den Stapel.
   Richtig gerechnet? Lege die Karte zur Seite.

18 + 10 28	**25 + 20** 45	**34 + 30** 64	**47 + 40** 87	**49 + 50** 99	**13 + 14** 27
62 + 30 92	**76 + 20** 96	**83 + 10** 93	**14 + 60** 74	**32 + 50** 82	**24 + 25** 49
41 + 10 51	**38 + 20** 58	**54 + 40** 94	**17 + 40** 57	**19 + 20** 39	**32 + 36** 68
68 + 20 88	**46 + 20** 66	**63 + 10** 73	**24 + 30** 54	**37 + 30** 67	**43 + 45** 88
18 + 11 29	**25 + 23** 48	**34 + 33** 67	**47 + 42** 89	**44 + 51** 95	**34 + 34** 68
62 + 36 98	**73 + 14** 87	**53 + 12** 65	**41 + 11** 52	**32 + 27** 59	**24 + 15** 39
23 + 41 64	**21 + 38** 59	**11 + 15** 26	**12 + 13** 25	**19 + 20** 39	**43 + 56** 99

Addition bis 100; gemischte Z + Z oder gemischte Z (ohne Zehnerüberschreitung)

Addition bis 100; gemischte Z + Z oder gemischte Z (ohne Zehnerüberschreitung)

66 + 20 = ___	65 + 30 = ___	53 + 42 = ___	82 + 16 = ___
32 + 50 = ___	48 + 50 = ___	42 + 36 = ___	75 + 22 = ___
75 + 10 = ___	36 + 40 = ___	55 + 41 = ___	44 + 41 = ___
41 + 40 = ___	72 + 20 = ___	23 + 75 = ___	63 + 32 = ___
34 + 20 = ___	37 + 30 = ___	78 + 11 = ___	36 + 53 = ___
27 + 50 = ___	14 + 50 = ___	54 + 24 = ___	27 + 62 = ___
89 + 10 = ___	81 + 10 = ___	86 + 12 = ___	18 + 71 = ___

3. Stellt euch nun abwechselnd Kopfrechenaufgaben.
2. Falte das Blatt an der gestrichelten Linie. Stelle es zwischen dir und deinem Partnerkind auf.
1. Rechne alle Aufgaben aus – alleine oder mit einem Partnerkind.

PARTNER-KOPFRECHNEN 10

(Faltlinie)

PARTNER-KOPFRECHNEN 10

1. Rechne alle Aufgaben aus – alleine oder mit einem Partnerkind.
2. Falte das Blatt an der gestrichelten Linie. Stelle es zwischen dir und deinem Partnerkind auf.
3. Stellt euch nun abwechselnd Kopfrechenaufgaben.

14 + 60 = ___	34 + 30 = ___	26 + 53 = ___	11 + 38 = ___
36 + 50 = ___	27 + 60 = ___	17 + 62 = ___	53 + 32 = ___
65 + 20 = ___	13 + 50 = ___	41 + 27 = ___	42 + 26 = ___
48 + 40 = ___	66 + 30 = ___	72 + 16 = ___	65 + 31 = ___
72 + 10 = ___	32 + 60 = ___	65 + 22 = ___	23 + 65 = ___
29 + 50 = ___	75 + 20 = ___	34 + 41 = ___	68 + 11 = ___
71 + 10 = ___	59 + 10 = ___	18 + 61 = ___	76 + 12 = ___

EINZEL-KOPFRECHNEN 11

1. Schneide die Kärtchen aus und lege sie aufeinander.
2. Nimm die Kärtchen in eine Hand. Lege den Daumen auf das Ergebnis.
3. Rechne die Aufgabe der oberen Karte. Kontrolliere, indem du diese Karte nach oben ziehst und das Ergebnis sichtbar wird.
   Falsch gerechnet? Stecke die Karte hinter den Stapel.
   Richtig gerechnet? Lege die Karte zur Seite.

38 – 10 28	**65 – 20** 45	**91 – 30** 61	**83 – 50** 33	**79 – 30** 49	**84 – 41** 43
82 – 60 22	**74 – 50** 24	**86 – 20** 66	**67 – 30** 37	**95 – 50** 45	**68 – 11** 57
51 – 20 31	**43 – 30** 13	**62 – 40** 22	**75 – 60** 15	**97 – 70** 27	**49 – 21** 28
84 – 40 44	**68 – 10** 58	**46 – 20** 26	**99 – 90** 9	**95 – 10** 85	**97 – 82** 15
38 – 16 22	**65 – 21** 44	**93 – 33** 60	**86 – 55** 31	**77 – 32** 45	**95 – 54** 41
89 – 66 23	**78 – 54** 24	**87 – 22** 65	**67 – 31** 36	**95 – 53** 42	**85 – 53** 32
51 – 21 30	**45 – 32** 13	**68 – 46** 22	**76 – 62** 14	**97 – 72** 25	**49 – 25** 24

Subtraktion bis 100; gemischte Z – Z oder gemischte Z (ohne Zehnerunterschreitung)

PARTNER-KOPFRECHNEN 12

1. Rechne alle Aufgaben aus – alleine oder mit einem Partnerkind.
2. Falte das Blatt an der gestrichelten Linie. Stelle es zwischen dir und deinem Partnerkind auf.
3. Stellt euch nun abwechselnd Kopfrechenaufgaben.

61 – 30 = ____	36 – 10 = ____	65 – 43 = ____	66 – 36 = ____
49 – 20 = ____	92 – 90 = ____	38 – 17 = ____	87 – 52 = ____
82 – 40 = ____	98 – 30 = ____	64 – 32 = ____	79 – 15 = ____
74 – 60 = ____	67 – 10 = ____	47 – 23 = ____	98 – 67 = ____
58 – 20 = ____	45 – 30 = ____	83 – 21 = ____	43 – 41 = ____
37 – 10 = ____	84 – 60 = ____	96 – 42 = ____	37 – 14 = ____
26 – 20 = ____	79 – 20 = ____	62 – 41 = ____	99 – 71 = ____

Subtraktion bis 100; gemischte Z – Z oder gemischte Z (ohne Zehnerunterschreitung)

(Faltlinie)

PARTNER-KOPFRECHNEN 12

1. Rechne alle Aufgaben aus – alleine oder mit einem Partnerkind.
2. Falte das Blatt an der gestrichelten Linie. Stelle es zwischen dir und deinem Partnerkind auf.
3. Stellt euch nun abwechselnd Kopfrechenaufgaben.

36 – 20 = ____	58 – 30 = ____	37 – 24 = ____	83 – 31 = ____
92 – 80 = ____	93 – 40 = ____	54 – 32 = ____	96 – 52 = ____
98 – 40 = ____	61 – 10 = ____	66 – 46 = ____	79 – 45 = ____
53 – 50 = ____	49 – 30 = ____	87 – 62 = ____	65 – 23 = ____
67 – 20 = ____	37 – 20 = ____	79 – 25 = ____	38 – 37 = ____
45 – 20 = ____	82 – 60 = ____	98 – 77 = ____	54 – 12 = ____
79 – 30 = ____	26 – 10 = ____	99 – 81 = ____	62 – 21 = ____

Subtraktion bis 100; gemischte Z – Z oder gemischte Z (ohne Zehnerunterschreitung)

EINZEL-KOPFRECHNEN 13

1. Schneide die Kärtchen aus und lege sie aufeinander.
2. Nimm die Kärtchen in eine Hand. Lege den Daumen auf das Ergebnis.
3. Rechne die Aufgabe der oberen Karte. Kontrolliere, indem du diese Karte nach oben ziehst und das Ergebnis sichtbar wird.
   Falsch gerechnet? Stecke die Karte hinter den Stapel.
   Richtig gerechnet? Lege die Karte zur Seite.

18 + 19 37	**25 + 26** 51	**34 + 38** 72	**47 + 49** 96	**49 + 29** 78	**76 + 24** 100
62 + 38 100	**76 + 17** 93	**53 + 29** 82	**34 + 19** 53	**55 + 15** 70	**24 + 17** 41
41 + 39 80	**38 + 28** 66	**54 + 18** 72	**17 + 47** 64	**19 + 26** 45	**39 + 36** 75
68 + 25 93	**46 + 26** 72	**63 + 18** 81	**24 + 39** 63	**37 + 34** 71	**43 + 48** 91
18 + 17 35	**25 + 25** 50	**39 + 44** 83	**57 + 36** 93	**49 + 28** 77	**36 + 28** 64
64 + 18 82	**45 + 27** 72	**58 + 36** 94	**56 + 29** 85	**39 + 37** 76	**35 + 35** 70
23 + 69 92	**27 + 28** 55	**16 + 16** 32	**59 + 27** 86	**45 + 35** 80	**28 + 28** 56

Addition bis 100; gemischte Z + gemischte Z (mit Zehnerüberschreitung)

Faltlinie

PARTNER-KOPFRECHNEN 14

1. Rechne alle Aufgaben aus – alleine oder mit einem Partnerkind.
2. Falte das Blatt an der gestrichelten Linie. Stelle es zwischen dir und deinem Partnerkind auf.
3. Stellt euch nun abwechselnd Kopfrechenaufgaben.

37 + 26 = ____	31 + 49 = ____	45 + 27 = ____	47 + 25 = ____
14 + 49 = ____	24 + 28 = ____	67 + 16 = ____	54 + 28 = ____
29 + 35 = ____	27 + 45 = ____	55 + 29 = ____	33 + 37 = ____
55 + 27 = ____	69 + 14 = ____	34 + 48 = ____	46 + 26 = ____
38 + 49 = ____	13 + 39 = ____	13 + 38 = ____	29 + 56 = ____
63 + 18 = ____	56 + 28 = ____	36 + 45 = ____	76 + 14 = ____
26 + 44 = ____	25 + 37 = ____	18 + 66 = ____	25 + 38 = ____

PARTNER-KOPFRECHNEN 14

1. Rechne alle Aufgaben aus – alleine oder mit einem Partnerkind.
2. Falte das Blatt an der gestrichelten Linie. Stelle es zwischen dir und deinem Partnerkind auf.
3. Stellt euch nun abwechselnd Kopfrechenaufgaben.

66 + 28 = ____	55 + 37 = ____	33 + 47 = ____	77 + 16 = ____
35 + 37 = ____	48 + 49 = ____	46 + 36 = ____	65 + 29 = ____
56 + 16 = ____	36 + 44 = ____	25 + 48 = ____	44 + 48 = ____
41 + 49 = ____	72 + 28 = ____	29 + 66 = ____	23 + 38 = ____
34 + 28 = ____	37 + 36 = ____	78 + 19 = ____	36 + 55 = ____
27 + 55 = ____	14 + 59 = ____	57 + 25 = ____	27 + 64 = ____
79 + 14 = ____	73 + 18 = ____	86 + 14 = ____	18 + 76 = ____

Addition bis 100; gemischte Z + gemischte Z
(mit Zehnerüberschreitung)

Addition bis 100; gemischte Z + gemischte Z
(mit Zehnerüberschreitung)

EINZEL-KOPFRECHNEN 15

1. Schneide die Kärtchen aus und lege sie aufeinander.
2. Nimm die Kärtchen in eine Hand. Lege den Daumen auf das Ergebnis.
3. Rechne die Aufgabe der oberen Karte. Kontrolliere, indem du diese Karte nach oben ziehst und das Ergebnis sichtbar wird.
   Falsch gerechnet? Stecke die Karte hinter den Stapel.
   Richtig gerechnet? Lege die Karte zur Seite.

38 – 19 19	**65 – 27** 38	**91 – 38** 53	**83 – 56** 27	**77 – 39** 38	**84 – 49** 35
82 – 45 37	**74 – 58** 16	**86 – 77** 9	**67 – 38** 29	**95 – 59** 36	**63 – 29** 34
51 – 29 22	**43 – 36** 7	**62 – 47** 15	**75 – 18** 57	**97 – 78** 19	**47 – 18** 29
100 – 49 51	**100 – 35** 65	**100 – 92** 8	**90 – 53** 37	**90 – 16** 74	**92 – 66** 26
80 – 27 53	**80 – 64** 16	**70 – 33** 37	**70 – 58** 12	**60 – 42** 18	**35 – 17** 18
60 – 17 43	**50 – 26** 24	**50 – 35** 15	**40 – 15** 25	**40 – 19** 21	**72 – 13** 59
52 – 25 27	**45 – 36** 9	**68 – 49** 19	**76 – 28** 48	**95 – 78** 17	**94 – 47** 47

Subtraktion bis 100; gemischte Z – gemischte Z (mit Zehnerunterschreitung)

PARTNER-KOPFRECHNEN 16

1. Rechne alle Aufgaben aus – alleine oder mit einem Partnerkind.
2. Falte das Blatt an der gestrichelten Linie. Stelle es zwischen dir und deinem Partnerkind auf.
3. Stellt euch nun abwechselnd Kopfrechenaufgaben.

61 – 38 = ____	36 – 18 = ____	65 – 48 = ____	66 – 38 = ____
46 – 28 = ____	92 – 79 = ____	47 – 18 = ____	87 – 59 = ____
82 – 45 = ____	91 – 33 = ____	54 – 35 = ____	71 – 15 = ____
74 – 66 = ____	67 – 19 = ____	77 – 29 = ____	93 – 67 = ____
58 – 29 = ____	45 – 37 = ____	83 – 16 = ____	43 – 26 = ____
37 – 18 = ____	84 – 66 = ____	96 – 47 = ____	37 – 19 = ____
33 – 15 = ____	74 – 25 = ____	62 – 34 = ____	92 – 74 = ____

(Faltlinie)

PARTNER-KOPFRECHNEN 16

1. Rechne alle Aufgaben aus – alleine oder mit einem Partnerkind.
2. Falte das Blatt an der gestrichelten Linie. Stelle es zwischen dir und deinem Partnerkind auf.
3. Stellt euch nun abwechselnd Kopfrechenaufgaben.

74 – 15 = ____	68 – 29 = ____	73 – 67 = ____	93 – 16 = ____
84 – 56 = ____	47 – 18 = ____	53 – 26 = ____	86 – 47 = ____
53 – 36 = ____	36 – 29 = ____	47 – 19 = ____	65 – 39 = ____
26 – 18 = ____	93 – 47 = ____	64 – 27 = ____	55 – 48 = ____
92 – 69 = ____	71 – 38 = ____	92 – 64 = ____	77 – 18 = ____
81 – 33 = ____	56 – 28 = ____	66 – 48 = ____	64 – 35 = ____
67 – 29 = ____	92 – 45 = ____	97 – 59 = ____	82 – 34 = ____

BRONZE-GENERALPROBE

Name: ....

1. Die Lehrerin oder der Lehrer sagt **10 Kopfrechen-Aufgaben**.
Schreibe die Ergebnisse auf.

a) ____ **b)** ____ **c)** ____ **d)** ____ **e)** ____ **f)** ____ **g)** ____ **h)** ____ **i)** ____ **j)** ____

2. Du hast für die schriftlichen Kopfrechen-Aufgaben
❍ 10 ❍ 15 ❍ 20 ❍ 25 Minuten Zeit.

5 + 9 = ____	70 + 3 = ____	51 + 27 = ____	64 + 28 = ____
6 + 6 = ____	50 + 4 = ____	82 + 15 = ____	33 + 47 = ____
8 + 5 = ____	20 + 3 = ____	75 + 22 = ____	46 + 36 = ____
7 + 9 = ____	50 + 5 = ____	44 + 41 = ____	25 + 18 = ____
5 + 5 = ____	40 + 3 = ____	63 + 32 = ____	29 + 56 = ____
8 + 7 = ____	60 + 4 = ____	36 + 53 = ____	78 + 19 = ____
2 + 9 = ____	20 + 7 = ____	27 + 62 = ____	57 + 25 = ____
10 + 10 = ____	80 + 2 = ____	18 – 71 = ____	86 – 14 = ____
13 – 7 = ____	90 – 50 = ____	54 – 22 = ____	77 – 29 = ____
15 – 6 = ____	60 – 30 = ____	66 – 36 = ____	83 – 16 = ____
14 – 5 = ____	40 – 20 = ____	87 – 52 = ____	96 – 47 = ____
12 – 6 = ____	80 – 40 = ____	79 – 15 = ____	75 – 39 = ____
11 – 4 = ____	70 – 60 = ____	98 – 67 = ____	65 – 48 = ____
17 – 8 = ____	50 – 20 = ____	43 – 41 = ____	47 – 18 = ____
16 – 9 = ____	30 – 10 = ____	37 – 14 = ____	54 – 35 = ____

Du bist ❍ bereit ❍ noch nicht bereit für die Bronze-Prüfung.

Tipps: ....

Übe diese Kopfrechenaufgaben: ....
(z. B. Minusaufgaben mit Zehnerunterschreitung ...)
....

BRONZE-PRÜFUNG

Name: ....

1. Die Lehrerin oder der Lehrer sagt **10 Kopfrechen-Aufgaben**.
Schreibe die Ergebnisse auf.

a) ____ **b)** ____ **c)** ____ **d)** ____ **e)** ____ **f)** ____ **g)** ____ **h)** ____ **i)** ____ **j)** ____

2. Du hast für die schriftlichen Kopfrechen-Aufgaben
❍ 10 ❍ 15 ❍ 20 ❍ 25 Minuten Zeit.

7 + 7 = ____	1 + 70 = ____	54 + 24 = ____	62 + 28 = ____
9 + 4 = ____	2 + 60 = ____	21 + 38 = ____	37 + 36 = ____
8 + 8 = ____	5 + 20 = ____	53 + 42 = ____	14 + 59 = ____
8 + 4 = ____	4 + 60 = ____	42 + 36 = ____	29 + 45 = ____
6 + 5 = ____	1 + 90 = ____	65 + 31 = ____	55 + 37 = ____
3 + 9 = ____	3 + 80 = ____	23 + 75 = ____	38 + 59 = ____
5 + 7 = ____	7 + 40 = ____	78 + 11 = ____	73 + 18 = ____
9 + 9 = ____	8 + 30 = ____	86 + 12 = ____	36 + 44 = ____
15 – 7 = ____	70 – 20 = ____	47 – 23 = ____	54 – 27 = ____
16 – 8 = ____	50 – 40 = ____	83 – 21 = ____	66 – 38 = ____
12 – 5 = ____	30 – 20 = ____	96 – 42 = ____	87 – 59 = ____
17 – 9 = ____	60 – 10 = ____	79 – 25 = ____	71 – 15 = ____
11 – 3 = ____	40 – 30 = ____	65 – 43 = ____	93 – 67 = ____
14 – 6 = ____	90 – 30 = ____	38 – 17 = ____	43 – 26 = ____

Zeit: ____ Minuten **Du hast ____ von 66 Aufgaben richtig im Kopf ausgerechnet.**

Du hast die Bronze-Prüfung ❍ gut bestanden. ❍ bestanden. ❍ noch nicht bestanden.

Übe diese Kopfrechenaufgaben: ....
(z. B. Minusaufgaben mit Zehnerunterschreitung ...)
....

Datum, Unterschrift: ....

KOPFRECHEN-SPIEL 1

Kopfrechen-Fußball

Der Lehrer oder die Lehrerin malt dieses Fußballfeld mit 2 Toren an die Tafel.

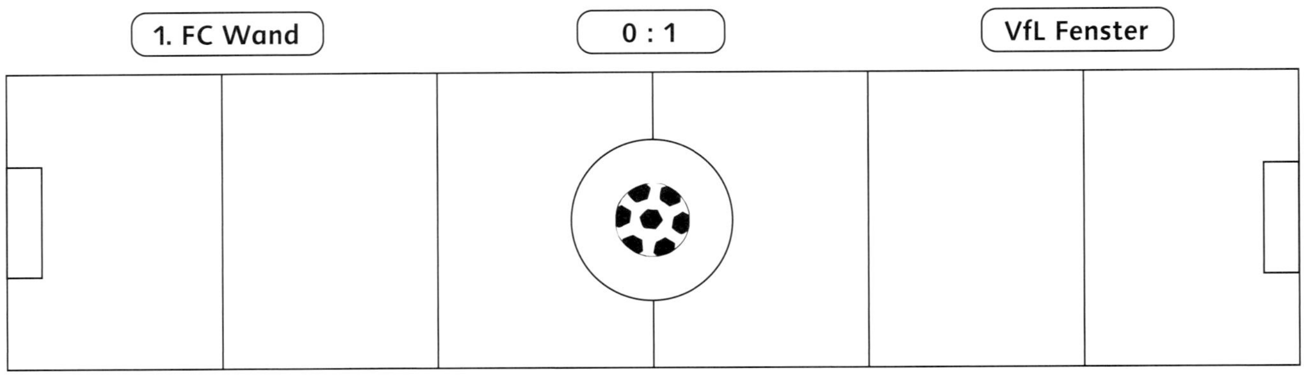

Auf den Anstoßpunkt kommt ein Tafelmagnet (= Ball).
Die Klasse wird in 2 Mannschaften aufgeteilt,
zum Beispiel 1. FC Wand gegen VfL Fenster.

Der Lehrer oder die Lehrerin stellt eine Kopfrechenaufgabe.
Sobald von einem Team 5 Kinder aufzeigen, nimmt der Lehrer oder die Lehrerin ein beliebiges Kind von diesen 5 Kindern dran.
Das Kind sagt das Ergebnis.
Ist das **Ergebnis richtig**, wird der Ball ein Feld weiter in Richtung gegnerisches Tor geheftet.
Ist das **Ergebnis falsch**, wird der Ball in Richtung eigenes Tor geheftet.
So wandert der Magnet (= Ball) von Feld zu Feld und hin und her, bis der Magnet im Tor landet.

Fällt ein **Tor**, wird das Ergebnis (1:0 oder 0:1) über das Feld geschrieben und der Magnet wieder in die Mitte geheftet.
Die Spielzeit beträgt zum Beispiel 10 Minuten.

Wer hat am Ende der Spielzeit die meisten Tore erzielt?

KOPFRECHEN-SPIEL 2

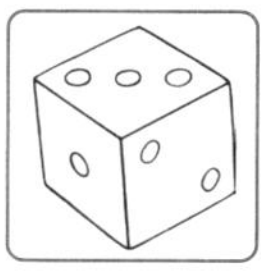

Heia-Kopfrechnen

Der Lehrer oder die Lehrerin schaltet das Licht aus.

Die Kinder setzen sich bequem auf ihren Stuhl oder legen ihren Kopf auf den Tisch, schließen die Augen und machen „Heia".

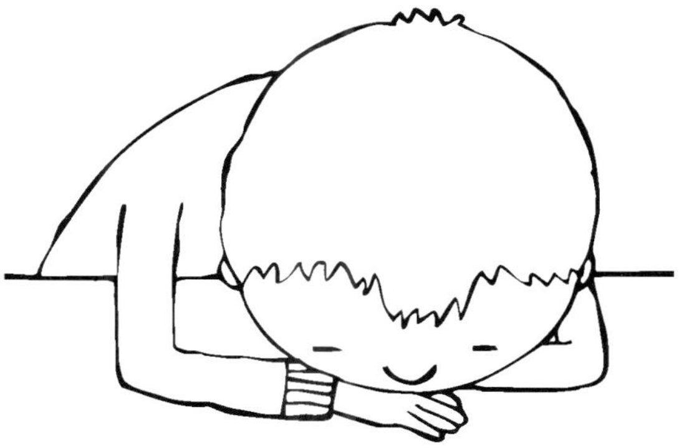

Der Lehrer oder die Lehrerin nennt Kopfrechenaufgaben mit Ergebnis, zum Beispiel 8 + 5 = 13.

Die Kinder rechnen im Kopf nach.

Ist das **Ergebnis richtig**, schlafen sie leise weiter.

Ist das **Ergebnis falsch** (zum Beispiel 14 – 6 = 9), werden sie wach. Ein waches Kind darf das richtige Ergebnis nennen und erklären, wie es gerechnet hat.

Danach machen alle wieder „Heia" und der Lehrer oder die Lehrerin sagt die nächsten Kopfrechenaufgaben mit richtigem oder falschem Ergebnis.

Variante: Ein guter Rechner oder eine gute Rechnerin nennt die Kopfrechenaufgaben mit Ergebnis.

KOPFRECHEN-SPIEL 3

Der heiße Kopfrechen-Stuhl

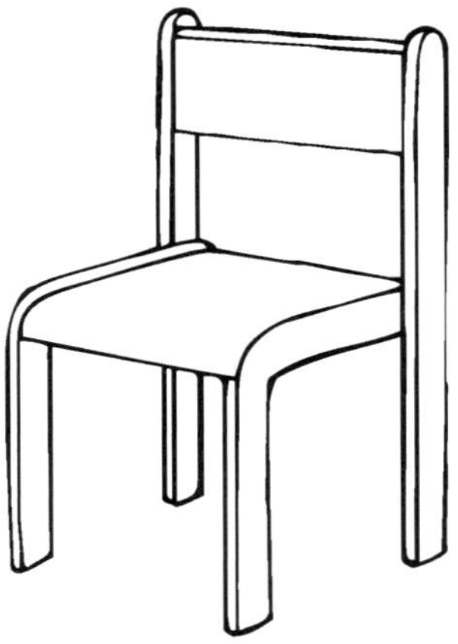

Ein Kind, das sich freiwillig gemeldet hat, setzt sich vorne auf den Stuhl des Lehrers oder der Lehrerin und schaut zu den anderen Kindern der Klasse.

Der Lehrer oder die Lehrerin gibt ein Startsignal und das Kind auf dem heißen Stuhl hat **1 Minute** Zeit, andere Kinder, die aufzeigen, dranzunehmen.
Diese aufzeigenden Kinder haben sich – bevor sie aufzeigen (!) – eine Kopfrechenaufgabe mit korrektem Ergebnis ausgedacht.

Einfache Aufgaben, wie zum Beispiel 1 + 1 oder 8 + 0, sind verboten!

Das Kind auf dem heißen Stuhl hört sich die Kopfrechenaufgabe an, ruft ein Ergebnis und das Kind, das die Aufgabe gestellt hat, sagt, ob das Ergebnis richtig oder falsch ist.
Das Kind auf dem heißen Stuhl nimmt schnell das nächste Kind an die Reihe.
Bei jedem **richtig gerufenen Ergebnis** malt der Lehrer oder die Lehrerin einen Punkt an die Tafel.
Ist die 1 Minute abgelaufen, ist ein anderes, freiwilliges Kind an der Reihe und setzt sich auf den Stuhl.

Wer schafft 6, 8 oder sogar 10 Punkte?

Variante: Ohne Zeitbegrenzung! Das Kind auf dem heißen Stuhl muss den Stuhl verlassen, wenn es ein falsches Ergebnis nennt.
Das nächste freiwillige Kind setzt sich auf den Stuhl.

Wer hat die meisten richtigen Ergebnisse genannt?

SILBER-TRAININGSTEIL

Einmaleins bis 100

KOPFRECHENTRICK-POSTER (HILFSKARTEN) 9 UND 10

Multiplikationsaufgaben

Multiplikation oder multiplizieren bedeutet malnehmen.

6	·	5	=	30
Faktor	mal	Faktor	gleich	Produkt

Einmaleins-Aufgaben sind verkürzte Plusaufgaben:

$$6 \cdot 5 = 5 + 5 + 5 + 5 + 5 + 5 = 30$$

Kernaufgaben oder Königsaufgaben

Übe zuerst diese 3 Malaufgaben aller Einmaleinsreihen.
Dann kannst du die Nachbar-Malaufgaben leichter berechnen.

2 · ___

$2 \cdot 2 = 4$

−1 · 2 → $1 \cdot 2 = 2$

+1 · 2 → $3 \cdot 2 = 6$

5 · ___

$5 \cdot 2 = 10$

−1 · 2 → $4 \cdot 2 = 8$

+1 · 2 → $6 \cdot 2 = 12$

+1 · 2 → $7 \cdot 2 = 14$

10 · ___

$10 \cdot 2 = 20$

−1 · 2 → $9 \cdot 2 = 18$

+1 · 2 → $11 \cdot 2 = 22$

−1 · 2 → $8 \cdot 2 = 16$

KOPFRECHENTRICK-POSTER (HILFSKARTEN) 11 UND 12

Rechengesetze bei Malaufgaben

Bei Malaufgaben gelten zwei Gesetze:

1. **Vertauschungsgesetz** (Kommutativgesetz):
   Die Malzahlen darf man vertauschen.
   Das Ergebnis bleibt gleich. **3 · 5 = 15** **5 · 3 = 15**

2. **Zusammenfassungsgesetz** (Assoziativgesetz):
   Bei einer Malaufgabe mit drei oder mehr Zahlen darf man diese beliebig multiplizieren. Das Ergebnis bleibt gleich.
   2 · 3 · 4 = 24 **4 · 2 · 3 = 24** **3 · 4 · 2 = 24**

Die beiden Gesetze gelten auch bei Plusaufgaben, aber nicht bei Minus- und Geteiltaufgaben!

Anja Boretzki

Die kleine Einmaleins-Tafel

Übe die Einmaleinsreihen mit Aufgaben und Ergebnissen, also z. B. so:

1 · 3 = 3, 2 · 3 = 6, 3 · 3 = 9, 4 · 3 = 12, 5 · 3 = 15, 6 · 3 = 18, 7 · 3 = 21, 8 · 3 = 24, 9 · 3 = 27, 10 · 3 = 30

•	0	1	2	3	4	5	6	7	8	9	10
0	0	0	0	0	0	0	0	0	0	0	0
1	0	1	2	3	4	5	6	7	8	9	10
2	0	2	4	6	8	10	12	14	16	18	20
3	0	3	6	9	12	15	18	21	24	27	30
4	0	4	8	12	16	20	24	28	32	36	40
5	0	5	10	15	20	25	30	35	40	45	50
6	0	6	12	18	24	30	36	42	48	54	60
7	0	7	14	21	28	35	42	49	56	63	70
8	0	8	16	24	32	40	48	56	64	72	80
9	0	9	18	27	36	45	54	63	72	81	90
10	0	10	20	30	40	50	60	70	80	90	100

Nutze die Tafel für das **kleine Einsdurcheins** → 6 : 3 = 2, denn 2 · 3 = 6.

EINZEL-KOPFRECHNEN 17

1. Schneide die Kärtchen aus und lege sie aufeinander.
2. Nimm die Kärtchen in eine Hand. Lege den Daumen auf das Ergebnis.
3. Rechne die Aufgabe der oberen Karte. Kontrolliere, indem du diese Karte nach oben ziehst und das Ergebnis sichtbar wird.
   Falsch gerechnet? Stecke die Karte hinter den Stapel.
   Richtig gerechnet? Lege die Karte zur Seite.

0 • 1 0	**1 • 1** 1	**2 • 1** 2	**3 • 1** 3	**4 • 1** 4	**4 • 1** 4
5 • 1 5	**6 • 1** 6	**7 • 1** 7	**8 • 1** 8	**9 • 1** 9	**5 • 1** 5
10 • 1 10	**0 • 2** 0	**1 • 2** 2	**2 • 2** 4	**3 • 2** 6	**6 • 1** 6
4 • 2 8	**5 • 2** 10	**6 • 2** 12	**7 • 2** 14	**8 • 2** 16	**7 • 1** 7
9 • 2 18	**10 • 2** 20	**1 • 2** 2	**2 • 2** 4	**3 • 2** 6	**8 • 1** 8
4 • 2 8	**5 • 2** 10	**6 • 2** 12	**7 • 2** 14	**8 • 2** 16	**9 • 1** 9
9 • 2 18	**10 • 2** 20	**1 • 1** 1	**2 • 1** 2	**3 • 1** 3	**10 • 1** 10

1 · 1 und 1 · 2

0 · 1 = ____	8 · 1 = ____	0 · 2 = ____	8 · 2 = ____
1 · 1 = ____	9 · 1 = ____	1 · 2 = ____	9 · 2 = ____
2 · 1 = ____	10 · 1 = ____	2 · 2 = ____	10 · 2 = ____
3 · 1 = ____	0 · 1 = ____	3 · 2 = ____	0 · 2 = ____
4 · 1 = ____	5 · 1 = ____	4 · 2 = ____	2 · 2 = ____
5 · 1 = ____	10 · 1 = ____	5 · 2 = ____	9 · 2 = ____
6 · 1 = ____	2 · 1 = ____	6 · 2 = ____	7 · 2 = ____
7 · 1 = ____	3 · 1 = ____	7 · 2 = ____	4 · 2 = ____

1. Rechne alle Aufgaben aus – alleine oder mit einem Partnerkind.
2. Falte das Blatt an der gestrichelten Linie. Stelle es zwischen dir und deinem Partnerkind auf.
3. Stellt euch nun abwechselnd Kopfrechenaufgaben.

PARTNER-KOPFRECHNEN 18

(Faltlinie)

PARTNER-KOPFRECHNEN 18

1. Rechne alle Aufgaben aus – alleine oder mit einem Partnerkind.
2. Falte das Blatt an der gestrichelten Linie. Stelle es zwischen dir und deinem Partnerkind auf.
3. Stellt euch nun abwechselnd Kopfrechenaufgaben.

5 · 1 = ____	3 · 1 = ____	9 · 2 = ____	4 · 2 = ____
10 · 1 = ____	4 · 1 = ____	4 · 2 = ____	6 · 2 = ____
2 · 1 = ____	5 · 1 = ____	8 · 2 = ____	5 · 2 = ____
0 · 1 = ____	6 · 1 = ____	3 · 2 = ____	0 · 2 = ____
10 · 1 = ____	0 · 1 = ____	10 · 2 = ____	1 · 2 = ____
0 · 1 = ____	1 · 1 = ____	7 · 2 = ____	2 · 2 = ____
8 · 1 = ____	7 · 1 = ____	0 · 2 = ____	7 · 2 = ____
9 · 1 = ____	2 · 1 = ____	2 · 2 = ____	3 · 2 = ____

EINZEL-KOPFRECHNEN 19

1. Schneide die Kärtchen aus und lege sie aufeinander.
2. Nimm die Kärtchen in eine Hand. Lege den Daumen auf das Ergebnis.
3. Rechne die Aufgabe der oberen Karte. Kontrolliere, indem du diese Karte nach oben ziehst und das Ergebnis sichtbar wird.
   Falsch gerechnet? Stecke die Karte hinter den Stapel.
   Richtig gerechnet? Lege die Karte zur Seite.

0 • 5 0	**1 • 5** 5	**2 • 5** 10	**3 • 5** 15	**4 • 5** 20	**4 • 10** 40
5 • 5 25	**6 • 5** 30	**7 • 5** 35	**8 • 5** 40	**9 • 5** 45	**5 • 10** 50
10 • 5 50	**0 • 10** 0	**1 • 10** 10	**2 • 10** 20	**3 • 10** 30	**6 • 10** 60
4 • 10 40	**5 • 10** 50	**6 • 10** 60	**7 • 10** 70	**8 • 10** 80	**7 • 10** 70
9 • 10 90	**10 • 10** 100	**1 • 5** 5	**2 • 5** 10	**3 • 5** 15	**8 • 10** 80
4 • 5 20	**5 • 5** 25	**6 • 5** 30	**7 • 5** 35	**8 • 5** 40	**9 • 10** 90
9 • 5 45	**10 • 5** 50	**1 • 10** 10	**2 • 10** 20	**3 • 10** 30	**10 • 10** 100

PARTNER-KOPFRECHNEN 20

1. Rechne alle Aufgaben aus – alleine oder mit einem Partnerkind.
2. Falte das Blatt an der gestrichelten Linie. Stelle es zwischen dir und deinem Partnerkind auf.
3. Stellt euch nun abwechselnd Kopfrechenaufgaben.

0 · 5 = ____	8 · 5 = ____	0 · 10 = ____	8 · 10 = ____
1 · 5 = ____	9 · 5 = ____	1 · 10 = ____	9 · 10 = ____
2 · 5 = ____	10 · 5 = ____	2 · 10 = ____	10 · 10 = ____
3 · 5 = ____	3 · 5 = ____	3 · 10 = ____	7 · 10 = ____
4 · 5 = ____	5 · 5 = ____	4 · 10 = ____	2 · 10 = ____
5 · 5 = ____	7 · 5 = ____	5 · 10 = ____	9 · 10 = ____
6 · 5 = ____	9 · 5 = ____	6 · 10 = ____	4 · 10 = ____
7 · 5 = ____	6 · 5 = ____	7 · 10 = ____	5 · 10 = ____

(Faltlinie)

PARTNER-KOPFRECHNEN 20

1. Rechne alle Aufgaben aus – alleine oder mit einem Partnerkind.
2. Falte das Blatt an der gestrichelten Linie. Stelle es zwischen dir und deinem Partnerkind auf.
3. Stellt euch nun abwechselnd Kopfrechenaufgaben.

3 · 5 = ____	6 · 5 = ____	9 · 10 = ____	4 · 10 = ____
5 · 5 = ____	8 · 5 = ____	4 · 10 = ____	5 · 10 = ____
7 · 5 = ____	0 · 5 = ____	8 · 10 = ____	6 · 10 = ____
9 · 5 = ____	1 · 5 = ____	1 · 10 = ____	0 · 10 = ____
8 · 5 = ____	2 · 5 = ____	10 · 10 = ____	1 · 10 = ____
10 · 5 = ____	3 · 5 = ____	7 · 10 = ____	2 · 10 = ____
6 · 5 = ____	7 · 5 = ____	2 · 10 = ____	3 · 10 = ____
9 · 5 = ____	4 · 5 = ____	3 · 10 = ____	7 · 10 = ____

EINZEL-KOPFRECHNEN 21

1. Schneide die Kärtchen aus und lege sie aufeinander.
2. Nimm die Kärtchen in eine Hand. Lege den Daumen auf das Ergebnis.
3. Rechne die Aufgabe der oberen Karte. Kontrolliere, indem du diese Karte nach oben ziehst und das Ergebnis sichtbar wird.
   Falsch gerechnet? Stecke die Karte hinter den Stapel.
   Richtig gerechnet? Lege die Karte zur Seite.

0 • 4	**1 • 4**	**2 • 4**	**3 • 4**	**4 • 4**	**4 • 8**
0	4	8	12	16	32
5 • 4	**6 • 4**	**7 • 4**	**8 • 4**	**9 • 4**	**5 • 8**
20	24	28	32	36	40
10 • 4	**0 • 8**	**1 • 8**	**2 • 8**	**3 • 8**	**6 • 8**
40	0	8	16	24	48
4 • 8	**5 • 8**	**6 • 8**	**7 • 8**	**8 • 8**	**7 • 8**
32	40	48	56	64	56
9 • 8	**10 • 8**	**1 • 4**	**2 • 4**	**3 • 4**	**8 • 8**
72	80	4	8	12	64
4 • 4	**5 • 4**	**6 • 4**	**7 • 4**	**8 • 4**	**9 • 8**
16	20	24	28	32	72
9 • 4	**10 • 4**	**1 • 8**	**2 • 8**	**3 • 8**	**10 • 8**
36	40	8	16	24	80

1 · 4 und 1 · 8

0 · 4 = ____	8 · 4 = ____	0 · 8 = ____	8 · 8 = ____
1 · 4 = ____	9 · 4 = ____	1 · 8 = ____	9 · 8 = ____
2 · 4 = ____	10 · 4 = ____	2 · 8 = ____	10 · 8 = ____
3 · 4 = ____	3 · 4 = ____	3 · 8 = ____	7 · 8 = ____
4 · 4 = ____	5 · 4 = ____	4 · 8 = ____	2 · 8 = ____
5 · 4 = ____	7 · 4 = ____	5 · 8 = ____	5 · 8 = ____
6 · 4 = ____	9 · 4 = ____	6 · 8 = ____	4 · 8 = ____
7 · 4 = ____	4 · 4 = ____	7 · 8 = ____	3 · 8 = ____

PARTNER-KOPFRECHNEN 22

1. Rechne alle Aufgaben aus – alleine oder mit einem Partnerkind.
2. Falte das Blatt an der gestrichelten Linie. Stelle es zwischen dir und deinem Partnerkind auf.
3. Stellt euch nun abwechselnd Kopfrechenaufgaben.

(Faltlinie)

PARTNER-KOPFRECHNEN 22

1. Rechne alle Aufgaben aus – alleine oder mit einem Partnerkind.
2. Falte das Blatt an der gestrichelten Linie. Stelle es zwischen dir und deinem Partnerkind auf.
3. Stellt euch nun abwechselnd Kopfrechenaufgaben.

3 · 4 = ____	5 · 4 = ____	5 · 8 = ____	4 · 8 = ____
5 · 4 = ____	6 · 4 = ____	4 · 8 = ____	5 · 8 = ____
7 · 4 = ____	0 · 4 = ____	3 · 8 = ____	6 · 8 = ____
9 · 4 = ____	1 · 4 = ____	9 · 8 = ____	0 · 8 = ____
4 · 4 = ____	2 · 4 = ____	10 · 8 = ____	1 · 8 = ____
8 · 4 = ____	3 · 4 = ____	8 · 8 = ____	2 · 8 = ____
9 · 4 = ____	4 · 4 = ____	7 · 8 = ____	3 · 8 = ____
10 · 4 = ____	7 · 4 = ____	2 · 8 = ____	7 · 8 = ____

1 · 4 und 1 · 8

EINZEL-KOPFRECHNEN 23

1. Schneide die Kärtchen aus und lege sie aufeinander.
2. Nimm die Kärtchen in eine Hand. Lege den Daumen auf das Ergebnis.
3. Rechne die Aufgabe der oberen Karte. Kontrolliere, indem du diese Karte nach oben ziehst und das Ergebnis sichtbar wird.
Falsch gerechnet? Stecke die Karte hinter den Stapel.
Richtig gerechnet? Lege die Karte zur Seite.

0 • 3 0	**1 • 3** 3	**2 • 3** 6	**3 • 3** 9	**4 • 3** 12	**4 • 6** 24
5 • 3 15	**6 • 3** 18	**7 • 3** 21	**8 • 3** 24	**9 • 3** 27	**5 • 6** 30
10 • 3 30	**0 • 6** 0	**1 • 6** 6	**2 • 6** 12	**3 • 6** 18	**6 • 6** 36
4 • 6 24	**5 • 6** 30	**6 • 6** 36	**7 • 6** 42	**8 • 6** 48	**7 • 6** 42
9 • 6 54	**10 • 6** 60	**1 • 3** 3	**2 • 3** 6	**3 • 3** 9	**8 • 6** 48
4 • 3 12	**5 • 3** 15	**6 • 3** 18	**7 • 3** 21	**8 • 3** 24	**9 • 6** 54
9 • 3 27	**10 • 3** 30	**1 • 6** 6	**2 • 6** 12	**3 • 6** 18	**10 • 6** 60

PARTNER-KOPFRECHNEN 24

1. Rechne alle Aufgaben aus – alleine oder mit einem Partnerkind.
2. Falte das Blatt an der gestrichelten Linie. Stelle es zwischen dir und deinem Partnerkind auf.
3. Stellt euch nun abwechselnd Kopfrechenaufgaben.

0 · 3 = ____	8 · 3 = ____	0 · 6 = ____	8 · 6 = ____
1 · 3 = ____	9 · 3 = ____	1 · 6 = ____	9 · 6 = ____
2 · 3 = ____	10 · 3 = ____	2 · 6 = ____	10 · 6 = ____
3 · 3 = ____	3 · 3 = ____	3 · 6 = ____	7 · 6 = ____
4 · 3 = ____	5 · 3 = ____	4 · 6 = ____	2 · 6 = ____
5 · 3 = ____	7 · 3 = ____	5 · 6 = ____	5 · 6 = ____
6 · 3 = ____	2 · 3 = ____	6 · 6 = ____	4 · 6 = ____
7 · 3 = ____	4 · 3 = ____	7 · 6 = ____	6 · 6 = ____

1 · 3 und 1 · 6

(Faltlinie)

PARTNER-KOPFRECHNEN 24

1. Rechne alle Aufgaben aus – alleine oder mit einem Partnerkind.
2. Falte das Blatt an der gestrichelten Linie. Stelle es zwischen dir und deinem Partnerkind auf.
3. Stellt euch nun abwechselnd Kopfrechenaufgaben.

3 · 3 = ____	5 · 3 = ____	2 · 6 = ____	6 · 6 = ____
5 · 3 = ____	6 · 3 = ____	5 · 6 = ____	0 · 6 = ____
7 · 3 = ____	0 · 3 = ____	4 · 6 = ____	1 · 6 = ____
2 · 3 = ____	1 · 3 = ____	8 · 6 = ____	2 · 6 = ____
8 · 3 = ____	4 · 3 = ____	9 · 6 = ____	3 · 6 = ____
9 · 3 = ____	3 · 3 = ____	10 · 6 = ____	4 · 6 = ____
10 · 3 = ____	2 · 3 = ____	7 · 6 = ____	5 · 6 = ____
4 · 3 = ____	7 · 3 = ____	6 · 6 = ____	7 · 6 = ____

1 · 3 und 1 · 6

EINZEL-KOPFRECHNEN 25

1. Schneide die Kärtchen aus und lege sie aufeinander.
2. Nimm die Kärtchen in eine Hand. Lege den Daumen auf das Ergebnis.
3. Rechne die Aufgabe der oberen Karte. Kontrolliere, indem du diese Karte nach oben ziehst und das Ergebnis sichtbar wird.
   Falsch gerechnet? Stecke die Karte hinter den Stapel.
   Richtig gerechnet? Lege die Karte zur Seite.

0 • 7 0	**1 • 7** 7	**2 • 7** 14	**3 • 7** 21	**4 • 7** 28	**4 • 9** 36
5 • 7 35	**6 • 7** 42	**7 • 7** 49	**8 • 7** 56	**9 • 7** 63	**5 • 9** 45
10 • 7 70	**0 • 9** 0	**1 • 9** 9	**2 • 9** 18	**3 • 9** 27	**6 • 9** 54
4 • 9 36	**5 • 9** 45	**6 • 9** 54	**7 • 9** 63	**8 • 9** 72	**7 • 9** 63
9 • 9 81	**10 • 9** 90	**1 • 7** 7	**2 • 7** 14	**3 • 7** 21	**8 • 9** 72
4 • 7 28	**5 • 7** 35	**6 • 7** 42	**7 • 7** 49	**8 • 7** 56	**9 • 9** 81
9 • 7 63	**10 • 7** 70	**1 • 9** 9	**2 • 9** 18	**3 • 9** 27	**10 • 9** 90

PARTNER-KOPFRECHNEN 26

1. Rechne alle Aufgaben aus – alleine oder mit einem Partnerkind.
2. Falte das Blatt an der gestrichelten Linie. Stelle es zwischen dir und deinem Partnerkind auf.
3. Stellt euch nun abwechselnd Kopfrechenaufgaben.

0 · 7 = ____	8 · 7 = ____	0 · 9 = ____	8 · 9 = ____
1 · 7 = ____	9 · 7 = ____	1 · 9 = ____	9 · 9 = ____
2 · 7 = ____	10 · 7 = ____	2 · 9 = ____	10 · 9 = ____
3 · 7 = ____	3 · 7 = ____	3 · 9 = ____	7 · 9 = ____
4 · 7 = ____	5 · 7 = ____	4 · 9 = ____	2 · 9 = ____
5 · 7 = ____	7 · 7 = ____	5 · 9 = ____	5 · 9 = ____
6 · 7 = ____	9 · 7 = ____	6 · 9 = ____	4 · 9 = ____
7 · 7 = ____	4 · 7 = ____	7 · 9 = ____	6 · 9 = ____

1 · 7 und 1 · 9

(Faltlinie)

PARTNER-KOPFRECHNEN 26

1. Rechne alle Aufgaben aus – alleine oder mit einem Partnerkind.
2. Falte das Blatt an der gestrichelten Linie. Stelle es zwischen dir und deinem Partnerkind auf.
3. Stellt euch nun abwechselnd Kopfrechenaufgaben.

3 · 7 = ____	5 · 7 = ____	10 · 9 = ____	4 · 9 = ____
5 · 7 = ____	6 · 7 = ____	7 · 9 = ____	5 · 9 = ____
7 · 7 = ____	0 · 7 = ____	2 · 9 = ____	6 · 9 = ____
4 · 7 = ____	7 · 7 = ____	9 · 9 = ____	0 · 9 = ____
9 · 7 = ____	1 · 7 = ____	4 · 9 = ____	7 · 9 = ____
8 · 7 = ____	2 · 7 = ____	8 · 9 = ____	1 · 9 = ____
10 · 7 = ____	3 · 7 = ____	5 · 9 = ____	2 · 9 = ____
2 · 7 = ____	4 · 7 = ____	6 · 9 = ____	3 · 9 = ____

1 · 7 und 1 · 9

EINZEL-KOPFRECHNEN 27

1. Schneide die Kärtchen aus und lege sie aufeinander.
2. Nimm die Kärtchen in eine Hand. Lege den Daumen auf das Ergebnis.
3. Rechne die Aufgabe der oberen Karte. Kontrolliere, indem du diese Karte nach oben ziehst und das Ergebnis sichtbar wird.
   Falsch gerechnet? Stecke die Karte hinter den Stapel.
   Richtig gerechnet? Lege die Karte zur Seite.

62 + 36 98	**73 + 14** 87	**53 + 12** 65	**41 + 11** 52	**32 + 27** 59	**3 • 6** 18
41 + 39 80	**38 + 28** 66	**54 + 18** 72	**17 + 47** 64	**19 + 26** 45	**4 • 6** 24
89 – 66 23	**78 – 54** 24	**87 – 22** 65	**67 – 31** 36	**95 – 53** 42	**5 • 7** 35
84 – 49 35	**63 – 29** 34	**47 – 18** 29	**92 – 66** 26	**35 – 17** 18	**6 • 8** 48
1 • 1 1	**2 • 2** 4	**3 • 3** 9	**4 • 4** 16	**5 • 5** 25	**7 • 9** 63
6 • 6 36	**7 • 7** 49	**8 • 8** 64	**9 • 9** 81	**10 • 10** 100	**1 • 10** 10
2 • 9 18	**3 • 8** 24	**4 • 7** 28	**5 • 6** 30	**4 • 5** 20	**5 • 1** 5

PARTNER-KOPFRECHNEN 28

1. Rechne alle Aufgaben aus – alleine oder mit einem Partnerkind.
2. Falte das Blatt an der gestrichelten Linie. Stelle es zwischen dir und deinem Partnerkind auf.
3. Stellt euch nun abwechselnd Kopfrechenaufgaben.

72 + 28 = ____	54 − 29 = ____	9 · 3 = ____	8 · 6 = ____
37 + 34 = ____	66 − 18 = ____	8 · 5 = ____	3 · 7 = ____
16 + 59 = ____	97 − 59 = ____	2 · 6 = ____	6 · 9 = ____
29 + 47 = ____	71 − 35 = ____	3 · 4 = ____	9 · 4 = ____
65 + 27 = ____	93 − 57 = ____	4 · 2 = ____	5 · 2 = ____
28 + 59 = ____	43 − 16 = ____	5 · 9 = ____	7 · 4 = ____
63 + 18 = ____	37 − 29 = ____	6 · 7 = ____	2 · 3 = ____
36 + 34 = ____	92 − 84 = ____	7 · 8 = ____	4 · 8 = ____

1 + 1, 1 − 1, 1 · 1
gemischt

(Faltlinie)

PARTNER-KOPFRECHNEN 28

1. Rechne alle Aufgaben aus – alleine oder mit einem Partnerkind.
2. Falte das Blatt an der gestrichelten Linie. Stelle es zwischen dir und deinem Partnerkind auf.
3. Stellt euch nun abwechselnd Kopfrechenaufgaben.

71 − 15 = ____	38 + 59 = ____	5 · 2 = ____	6 · 7 = ____
93 − 67 = ____	73 + 18 = ____	7 · 5 = ____	9 · 3 = ____
43 − 26 = ____	22 + 28 = ____	2 · 3 = ____	8 · 5 = ____
37 − 19 = ____	37 + 36 = ____	8 · 6 = ____	2 · 6 = ____
54 − 27 = ____	14 + 59 = ____	3 · 7 = ____	3 · 4 = ____
66 − 38 = ____	29 + 45 = ____	6 · 9 = ____	4 · 2 = ____
87 − 59 = ____	55 + 37 = ____	9 · 4 = ____	5 · 9 = ____
92 − 74 = ____	36 + 44 = ____	4 · 8 = ____	7 · 8 = ____

1 + 1, 1 − 1, 1 · 1
gemischt

SILBER-GENERALPROBE

Name: ....

1. Die Lehrerin oder der Lehrer sagt **10 Kopfrechen-Aufgaben**.
Schreibe die Ergebnisse auf.

a) ____ **b)** ____ **c)** ____ **d)** ____ **e)** ____ **f)** ____ **g)** ____ **h)** ____ **i)** ____ **j)** ____

2. Du hast für die schriftlichen Kopfrechen-Aufgaben
❍ 10 ❍ 15 ❍ 20 ❍ 25 Minuten Zeit.

32 + 16 = ____	33 + 47 = ____	66 – 36 = ____	83 – 16 = ____
75 + 22 = ____	46 + 36 = ____	87 – 52 = ____	96 – 47 = ____
44 + 41 = ____	25 + 48 = ____	79 – 15 = ____	75 – 39 = ____
23 + 32 = ____	29 + 66 = ____	98 – 67 = ____	65 – 48 = ____
36 + 53 = ____	78 + 19 = ____	43 – 41 = ____	47 – 18 = ____
27 + 62 = ____	57 + 25 = ____	37 – 14 = ____	54 – 35 = ____
18 + 71 = ____	86 + 14 = ____	99 – 71 = ____	62 – 34 = ____
5 · 2 = ____	6 · 7 = ____	9 · 8 = ____	5 · 5 = ____
7 · 5 = ____	9 · 3 = ____	8 · 5 = ____	7 · 7 = ____
2 · 3 = ____	8 · 5 = ____	2 · 7 = ____	2 · 2 = ____
8 · 6 = ____	2 · 6 = ____	3 · 6 = ____	8 · 8 = ____
3 · 7 = ____	3 · 4 = ____	4 · 9 = ____	3 · 3 = ____
6 · 9 = ____	4 · 2 = ____	5 · 3 = ____	6 · 6 = ____
9 · 4 = ____	5 · 9 = ____	6 · 5 = ____	9 · 9 = ____
4 · 8 = ____	7 · 8 = ____	7 · 4 = ____	4 · 4 = ____

Du bist ❍ bereit ❍ noch nicht bereit für die Silber-Prüfung.

Tipps: ....

Übe diese Kopfrechenaufgaben: ....
(z. B. Einmaleins mit 7 ...)
....

SILBER-PRÜFUNG

Name: ....

1. Die Lehrerin oder der Lehrer sagt **10 Kopfrechen-Aufgaben**.
Schreibe die Ergebnisse auf.

a) ____ **b)** ____ **c)** ____ **d)** ____ **e)** ____ **f)** ____ **g)** ____ **h)** ____ **i)** ____ **j)** ____

2. Du hast für die schriftlichen Kopfrechen-Aufgaben
❍ 10 ❍ 15 ❍ 20 ❍ 25 Minuten Zeit.

21 + 38 = ____	37 + 36 = ____	83 − 21 = ____	66 − 38 = ____
53 + 42 = ____	14 + 59 = ____	96 − 42 = ____	87 − 59 = ____
42 + 36 = ____	29 + 45 = ____	79 − 25 = ____	71 − 15 = ____
65 + 31 = ____	65 + 27 = ____	65 − 43 = ____	93 − 67 = ____
23 + 75 = ____	48 + 49 = ____	38 − 17 = ____	43 − 36 = ____
78 + 11 = ____	73 + 18 = ____	54 − 32 = ____	37 − 19 = ____
86 + 12 = ____	36 + 44 = ____	62 − 41 = ____	92 − 74 = ____
9 · 3 = ____	8 · 6 = ____	9 · 2 = ____	8 · 8 = ____
8 · 5 = ____	3 · 7 = ____	8 · 4 = ____	3 · 3 = ____
2 · 6 = ____	6 · 9 = ____	2 · 9 = ____	6 · 6 = ____
3 · 4 = ____	9 · 4 = ____	3 · 5 = ____	9 · 9 = ____
4 · 2 = ____	5 · 2 = ____	4 · 8 = ____	5 · 5 = ____
5 · 9 = ____	7 · 5 = ____	5 · 3 = ____	7 · 7 = ____
6 · 7 = ____	2 · 3 = ____	6 · 4 = ____	2 · 2 = ____
7 · 8 = ____	4 · 8 = ____	7 · 6 = ____	4 · 4 = ____

Zeit: ____ Minuten **Du hast ____ von 70 Aufgaben richtig im Kopf ausgerechnet.**

Du hast die Silber-Prüfung ❍ gut bestanden. ❍ bestanden. ❍ noch nicht bestanden.

Übe diese Kopfrechenaufgaben: ....
(z. B. Minusaufgaben bis 100 mit Zehnerunterschreitung …)

Datum, Unterschrift: ....

KOPFRECHEN-SPIEL 4

Kopfrechen-Detektive

Der Lehrer oder die Lehrerin malt auf die linke Tafelseite eine Lupe, auf die rechte Tafelseite eine Schatztruhe und schreibt auf die Tafelmitte etwa 20 Zahlen im Zahlenraum von 0 bis 100.

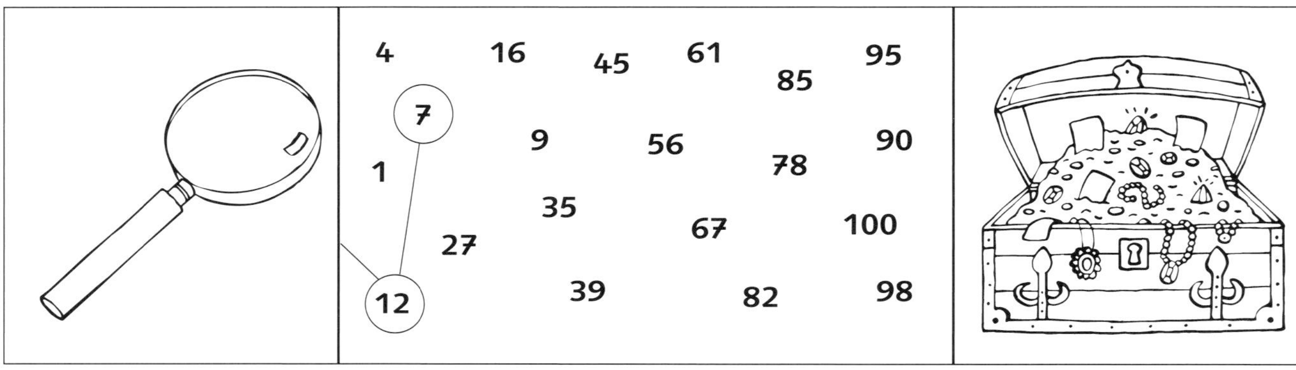

Nun informiert der Lehrer oder die Lehrerin die Kinder:
„Die Schatztruhe des Königs ist gestohlen worden. Ihr sollt sie wiederfinden und müsst dabei durch den dunklen Zahlenwald, Kopfrechen-Aufgaben lösen und so den Weg zur Schatztruhe finden.
2 Kinder sind die Haupt-Detektive oder Detektivinnen. Sie stellen sich vor die Tafel und versuchen, mithilfe der anderen Detektiv-Kinder (= Mitschüler und Mitschülerinnen) die Kopfrechen-Aufgaben, die ich (= der Lehrer/die Lehrerin) sage, auszurechnen. Haupt-Detektiv-Kind A nimmt die Mitschüler und Mitschülerinnen dran und Haupt-Detektiv-Kind B kreist die Ergebniszahlen mit Kreide an der Tafel ein."

Beispiel zur Tafel oben:
Der Lehrer oder die Lehrerin sagt: „4 · 3 = ?".
Alle Kinder haben etwa 10 Sekunden Zeit, zu rechnen.
Haupt-Detektiv-Kind A nimmt ein Kind dran, das aufzeigt. Es sagt: *„12"*.
Der Lehrer oder die Lehrerin fragt die Haupt-Detektiv-Kinder: *„Ist 12 richtig? Seid ihr sicher?"*
Die Haupt-Detektiv-Kinder nicken und Haupt-Detektiv-Kind B kreist die 12 ein.
Lehrer der Lehrerin: *„Die nächste Aufgabe lautet 20 – 13 = ?"*.
Haupt-Detektiv-Kind A wartet, nimmt dann ein Kind dran. Es sagt *„9"*.
Die Haupt-Detektiv-Kinder überlegen, schütteln die Köpfe und nehmen ein anderes Kind dran. Dieses sagt: *„7"*. Die Haupt-Detektiv-Kinder nicken, Haupt-Detektiv-Kind B kreist die 7 ein und verbindet die Kreise.
So geht es Aufgabe für Aufgabe weiter, bis die Haupt-Detektiv-Kinder den richtigen Weg gefunden haben und beim Schatz angekommen sind.

KOPFRECHEN-SPIEL 5

Verflixtes X!

Der Lehrer oder die Lehrerin malt ein großes X an die Tafel und schreibt auf die Tafelrückseite eine **geheime Zahl zwischen 0 und 100**.

Die Kinder stellen Kopfrechenaufgaben mit Ergebnis, zum Beispiel:

78 + 2 = 80   oder   62 – 4 = 58   oder   7 · 5 = 35 …

Der Lehrer oder die Lehrerin schreibt die Aufgabe mit Ergebnis links oder rechts neben das X an die Tafel:

✔ Ist das **Ergebnis kleiner** als die Geheimzahl, werden Aufgabe und Ergebnis **links** neben das X geschrieben.

✔ Ist das **Ergebnis größer** als die Geheimzahl, werden Aufgabe und Ergebnis **rechts** neben das X geschrieben.

So kreisen die Kinder die Geheimzahl immer weiter ein, bis ein Kind eine Kopfrechenaufgabe stellt, dessen Ergebnis die Geheimzahl ist.
Dieses Kind darf sich eine neue Geheimzahl aussuchen und auf die Tafelrückseite schreiben, nachdem alle Aufgaben an der Tafel weggewischt worden sind.

Variante: Über dem X stehen 2 verbotene Zahlen, die man nicht benutzen darf (zum Beispiel 0 und 1). So werden einfache Aufgaben ausgeschlossen, zum Beispiel: 30 – 0 oder 62 – 1).

KOPFRECHEN-SPIEL 6

Kopfrechen-Wettrennen

Alle Kinder stellen sich nebeneinander auf dem Schulhof oder in der Klasse auf.

12 18 24 30 12 18 24 30 12 18 24 30 12 18 24 30

Der Lehrer oder die Lehrerin denkt sich 4 Zahlen im Zahlenraum von 10 bis 100 aus, zum Beispiel: *20, 40, 60, 80* oder *35, 45, 55, 65* oder *16, 20, 24, 28*.

Der Lehrer oder die Lehrerin nennt jedem Kind eine der 4 Zahlen (siehe oben). Jedes Kind merkt sich seine Zahl.

Nun sagt der Lehrer oder die Lehrerin eine Kopfrechen-Aufgabe mit einer der 4 Zahlen als Ergebnis, zum Beispiel „6 · 4" oder „15 + 9" oder „32 – 8". Alle Kinder mit der Zahl 24 rennen bis zur gegenüberliegenden Wand, zum Spielgerät, zum Papierkorb o. Ä., schlagen dort an, rennen zurück und stellen sich wieder an ihre Startposition.

Wer rechnet richtig und ist am schnellsten?

Der Lehrer oder die Lehrerin sollte zu jeder der 4 zugeteilten Zahlen 4 bis 6 Aufgaben stellen, sodass alle Kinder gleich oft rennen müssen.

GOLD-TRAININGSTEIL

Einsdurcheins bis 100

KOPFRECHENTRICK-POSTER (HILFSKARTE) 13

Divisionsaufgaben

Division oder dividieren bedeutet teilen.

10	:	5	=	2
Dividend	geteilt durch	Divisor	gleich	Quotient

Der Umkehr-Trick:

Wenn man das kleine Einmaleins beherrscht, kann man mit **Umkehraufgaben** schnell Ergebnisse von Teilaufgaben berechnen:

24 : 3 = 8, denn 8 · 3 = 24   63 : 7 = 9, denn 9 · 7 = 63   18 : 6 = 3, denn 3 · 6 = 18
24 : 8 = 3, denn 3 · 8 = 24   63 : 9 = 7, denn 7 · 9 = 63   18 : 3 = 6, denn 6 · 3 = 18

Anja Boretzki

KOPFRECHENTRICK-POSTER (HILFSKARTE) 14

Teilbarkeitsregeln

Teilbarkeit durch 2:
Nur gerade Zahlen sind ohne Rest durch 2 teilbar: *2, 4, 6, 8, 10, 12 …*

Teilbarkeit durch 3:
Eine Zahl ist durch 3 teilbar, wenn ihre Quersumme durch 3 teilbar ist:
Die Quersumme von 27 ist 9 (2 + 7).
Die Quersumme von 65 ist 11 (6 + 5).

Teilbarkeit durch 4:
Eine Zahl ist durch 4 teilbar, wenn die letzten zwei Zahlen durch 4 teilbar sind:
908, 3 240 …

Teilbarkeit durch 5:
Eine Zahl ist durch 5 teilbar, wenn ihre letzte Ziffer eine 5 oder 0 ist: *30, 45, 7 660, 23 495 …*

Teilbarkeit durch 6:
Zahlen sind durch 6 teilbar, wenn sie auch durch 2 und 3 teilbar sind:
18, 24, 54, 120, 636 …

Teilbarkeit durch 7:
Es gibt für die 7 keine Teilbarkeitsregel!

Teilbarkeit durch 8:
Eine Zahl ist durch 8 teilbar, wenn die aus den letzten 3 Ziffern gebildete Zahl durch 8 teilbar ist: *565 473 636 840 …*

Teilbarkeit durch 9:
Eine Zahl ist nur durch 9 teilbar, wenn ihre Quersumme durch 9 teilbar ist.
Die Quersumme von 450 ist 9 (4 + 5 + 0) und daher durch 9 teilbar.

Teilbarkeit durch 10:
Eine Zahl ist durch 10 teilbar, wenn ihre letzte Ziffer eine 0 ist: *30, 100, 730, 3 876 540 …*

EINZEL-KOPFRECHNEN 29

1. Schneide die Kärtchen aus und lege sie aufeinander.
2. Nimm die Kärtchen in eine Hand. Lege den Daumen auf das Ergebnis.
3. Rechne die Aufgabe der oberen Karte. Kontrolliere, indem du diese Karte nach oben ziehst und das Ergebnis sichtbar wird.
   Falsch gerechnet? Stecke die Karte hinter den Stapel.
   Richtig gerechnet? Lege die Karte zur Seite.

0 : 1 0	**1 : 1** 1	**2 : 1** 2	**3 : 1** 3	**4 : 1** 4	**4 : 1** 4
5 : 1 5	**6 : 1** 6	**7 : 1** 7	**8 : 1** 8	**9 : 1** 9	**5 : 1** 5
10 : 1 10	**0 : 2** 0	**2 : 2** 1	**4 : 2** 2	**6 : 2** 3	**6 : 1** 6
8 : 2 4	**10 : 2** 5	**12 : 2** 6	**14 : 2** 7	**16 : 2** 8	**7 : 1** 7
18 : 2 9	**20 : 2** 10	**2 : 2** 1	**4 : 2** 2	**6 : 2** 3	**8 : 1** 8
8 : 2 4	**10 : 2** 5	**12 : 2** 6	**14 : 2** 7	**16 : 2** 8	**9 : 1** 9
18 : 2 9	**20 : 2** 10	**1 : 1** 1	**2 : 1** 2	**3 : 1** 3	**10 : 1** 10

PARTNER-KOPFRECHNEN 30

1. Rechne alle Aufgaben aus – alleine oder mit einem Partnerkind.
2. Falte das Blatt an der gestrichelten Linie. Stelle es zwischen dir und deinem Partnerkind auf.
3. Stellt euch nun abwechselnd Kopfrechenaufgaben.

0 : 1 = ____	8 : 1 = ____	0 : 2 = ____	16 : 2 = ____
1 : 1 = ____	9 : 1 = ____	2 : 2 = ____	18 : 2 = ____
2 : 1 = ____	10 : 1 = ____	4 : 2 = ____	20 : 2 = ____
3 : 1 = ____	0 : 1 = ____	6 : 2 = ____	12 : 2 = ____
4 : 1 = ____	5 : 1 = ____	8 : 2 = ____	14 : 2 = ____
5 : 1 = ____	3 : 1 = ____	10 : 2 = ____	8 : 2 = ____
6 : 1 = ____	2 : 1 = ____	12 : 2 = ____	10 : 2 = ____
7 : 1 = ____	4 : 1 = ____	14 : 2 = ____	6 : 2 = ____

1 : 1 und 1 : 2

(Faltlinie)

PARTNER-KOPFRECHNEN 30

1. Rechne alle Aufgaben aus – alleine oder mit einem Partnerkind.
2. Falte das Blatt an der gestrichelten Linie. Stelle es zwischen dir und deinem Partnerkind auf.
3. Stellt euch nun abwechselnd Kopfrechenaufgaben.

5 : 1 = ____	3 : 1 = ____	14 : 2 = ____	4 : 2 = ____
10 : 1 = ____	4 : 1 = ____	6 : 2 = ____	8 : 2 = ____
2 : 1 = ____	5 : 1 = ____	18 : 2 = ____	10 : 2 = ____
8 : 1 = ____	0 : 1 = ____	16 : 2 = ____	12 : 2 = ____
9 : 1 = ____	1 : 1 = ____	12 : 2 = ____	18 : 2 = ____
10 : 1 = ____	7 : 1 = ____	20 : 2 = ____	2 : 2 = ____
0 : 1 = ____	6 : 1 = ____	10 : 2 = ____	6 : 2 = ____
6 : 1 = ____	2 : 1 = ____	8 : 2 = ____	14 : 2 = ____

1 : 1 und 1 : 2

EINZEL-KOPFRECHNEN 31

1. Schneide die Kärtchen aus und lege sie aufeinander.
2. Nimm die Kärtchen in eine Hand. Lege den Daumen auf das Ergebnis.
3. Rechne die Aufgabe der oberen Karte. Kontrolliere, indem du diese Karte nach oben ziehst und das Ergebnis sichtbar wird.
   Falsch gerechnet? Stecke die Karte hinter den Stapel.
   Richtig gerechnet? Lege die Karte zur Seite.

0 : 5 0	**5 : 5** 1	**10 : 5** 2	**15 : 5** 3	**20 : 5** 4	**40 : 10** 4
25 : 5 5	**30 : 5** 6	**35 : 5** 7	**40 : 5** 8	**45 : 5** 9	**50 : 10** 5
50 : 5 10	**0 : 10** 0	**10 : 10** 1	**20 : 10** 2	**30 : 10** 3	**60 : 10** 6
40 : 10 4	**50 : 10** 5	**60 : 10** 6	**70 : 10** 7	**80 : 10** 8	**70 : 10** 7
90 : 10 9	**100 : 10** 10	**5 : 5** 1	**10 : 5** 2	**15 : 5** 3	**80 : 10** 8
20 : 5 4	**25 : 5** 5	**30 : 5** 6	**35 : 5** 7	**40 : 5** 8	**90 : 10** 9
45 : 5 9	**50 : 5** 10	**10 : 10** 1	**20 : 10** 2	**30 : 10** 3	**100 : 10** 10

PARTNER-KOPFRECHNEN 32

1. Rechne alle Aufgaben aus – alleine oder mit einem Partnerkind.
2. Falte das Blatt an der gestrichelten Linie. Stelle es zwischen dir und deinem Partnerkind auf.
3. Stellt euch nun abwechselnd Kopfrechenaufgaben.

0 : 5 = ___	45 : 5 = ___	0 : 10 = ___	80 : 10 = ___
10 : 5 = ___	50 : 5 = ___	10 : 10 = ___	90 : 10 = ___
15 : 5 = ___	10 : 5 = ___	20 : 10 = ___	100 : 10 = ___
20 : 5 = ___	30 : 5 = ___	30 : 10 = ___	70 : 10 = ___
25 : 5 = ___	25 : 5 = ___	40 : 10 = ___	20 : 10 = ___
30 : 5 = ___	20 : 5 = ___	50 : 10 = ___	30 : 10 = ___
35 : 5 = ___	40 : 5 = ___	60 : 10 = ___	40 : 10 = ___
40 : 5 = ___	15 : 5 = ___	70 : 10 = ___	60 : 10 = ___

altlinie)

PARTNER-KOPFRECHNEN 32

1. Rechne alle Aufgaben aus – alleine oder mit einem Partnerkind.
2. Falte das Blatt an der gestrichelten Linie. Stelle es zwischen dir und deinem Partnerkind auf.
3. Stellt euch nun abwechselnd Kopfrechenaufgaben.

20 : 5 = ___	15 : 5 = ___	30 : 10 = ___	50 : 10 = ___
40 : 5 = ___	35 : 5 = ___	40 : 10 = ___	60 : 10 = ___
45 : 5 = ___	25 : 5 = ___	60 : 10 = ___	0 : 10 = ___
15 : 5 = ___	30 : 5 = ___	90 : 10 = ___	10 : 10 = ___
10 : 5 = ___	40 : 5 = ___	100 : 10 = ___	70 : 10 = ___
30 : 5 = ___	0 : 5 = ___	70 : 10 = ___	30 : 10 = ___
25 : 5 = ___	10 : 5 = ___	20 : 10 = ___	40 : 10 = ___
50 : 5 = ___	20 : 5 = ___	80 : 10 = ___	20 : 10 = ___

EINZEL-KOPFRECHNEN 33

1. Schneide die Kärtchen aus und lege sie aufeinander.
2. Nimm die Kärtchen in eine Hand. Lege den Daumen auf das Ergebnis.
3. Rechne die Aufgabe der oberen Karte. Kontrolliere, indem du diese Karte nach oben ziehst und das Ergebnis sichtbar wird.
   Falsch gerechnet? Stecke die Karte hinter den Stapel.
   Richtig gerechnet? Lege die Karte zur Seite.

0 : 4 0	**4 : 4** 1	**8 : 4** 2	**12 : 4** 3	**16 : 4** 4	**32 : 8** 4
20 : 4 5	**24 : 4** 6	**28 : 4** 7	**32 : 4** 8	**36 : 4** 9	**40 : 8** 5
40 : 4 10	**0 : 8** 0	**8 : 8** 1	**16 : 8** 2	**24 : 8** 3	**48 : 8** 6
32 : 8 4	**40 : 8** 5	**48 : 8** 6	**56 : 8** 7	**64 : 8** 8	**56 : 8** 7
72 : 8 9	**80 : 8** 10	**4 : 4** 1	**8 : 4** 2	**12 : 4** 3	**64 : 8** 8
16 : 4 4	**20 : 4** 5	**24 : 4** 6	**28 : 4** 7	**32 : 4** 8	**72 : 8** 9
36 : 4 9	**40 : 4** 10	**8 : 8** 1	**16 : 8** 2	**24 : 8** 3	**80 : 8** 10

(Faltlinie)

PARTNER-KOPFRECHNEN 34

1. Rechne alle Aufgaben aus – alleine oder mit einem Partnerkind.
2. Falte das Blatt an der gestrichelten Linie. Stelle es zwischen dir und deinem Partnerkind auf.
3. Stellt euch nun abwechselnd Kopfrechenaufgaben.

16 : 4 = ____	40 : 4 = ____	40 : 8 = ____	80 : 8 = ____
20 : 4 = ____	8 : 4 = ____	48 : 8 = ____	24 : 8 = ____
24 : 4 = ____	28 : 4 = ____	32 : 4 = ____	40 : 8 = ____
0 : 4 = ____	32 : 4 = ____	36 : 4 = ____	16 : 8 = ____
4 : 4 = ____	36 : 4 = ____	40 : 4 = ____	32 : 8 = ____
8 : 4 = ____	12 : 4 = ____	20 : 4 = ____	64 : 8 = ____
12 : 4 = ____	20 : 4 = ____	16 : 4 = ____	72 : 8 = ____
28 : 4 = ____	16 : 4 = ____	56 : 8 = ____	48 : 8 = ____

1 : 4 und 1 : 8

PARTNER-KOPFRECHNEN 34

1. Rechne alle Aufgaben aus – alleine oder mit einem Partnerkind.
2. Falte das Blatt an der gestrichelten Linie. Stelle es zwischen dir und deinem Partnerkind auf.
3. Stellt euch nun abwechselnd Kopfrechenaufgaben.

0 : 4 = ____	32 : 4 = ____	0 : 8 = ____	64 : 8 = ____
4 : 4 = ____	36 : 4 = ____	8 : 8 = ____	72 : 8 = ____
8 : 4 = ____	40 : 4 = ____	16 : 8 = ____	80 : 8 = ____
12 : 4 = ____	20 : 4 = ____	24 : 8 = ____	24 : 8 = ____
16 : 4 = ____	16 : 4 = ____	32 : 8 = ____	40 : 8 = ____
20 : 4 = ____	28 : 4 = ____	40 : 8 = ____	16 : 8 = ____
24 : 4 = ____	8 : 4 = ____	48 : 8 = ____	32 : 8 = ____
28 : 4 = ____	12 : 4 = ____	56 : 8 = ____	48 : 8 = ____

1 : 4 und 1 : 8

EINZEL-KOPFRECHNEN 35

1. Schneide die Kärtchen aus und lege sie aufeinander.
2. Nimm die Kärtchen in eine Hand. Lege den Daumen auf das Ergebnis.
3. Rechne die Aufgabe der oberen Karte. Kontrolliere, indem du diese Karte nach oben ziehst und das Ergebnis sichtbar wird.
   Falsch gerechnet? Stecke die Karte hinter den Stapel.
   Richtig gerechnet? Lege die Karte zur Seite.

0 : 3 0	**3 : 3** 1	**6 : 3** 2	**9 : 3** 3	**12 : 3** 4	**24 : 6** 4
15 : 3 5	**18 : 3** 6	**21 : 3** 7	**24 : 3** 8	**27 : 3** 9	**30 : 6** 5
30 : 3 10	**0 : 6** 0	**6 : 6** 1	**12 : 6** 2	**18 : 6** 3	**36 : 6** 6
24 : 6 4	**30 : 6** 5	**36 : 6** 6	**42 : 6** 7	**48 : 6** 8	**42 : 6** 7
54 : 6 9	**60 : 6** 10	**3 : 3** 1	**6 : 3** 2	**9 : 3** 3	**48 : 6** 8
12 : 3 4	**15 : 3** 5	**18 : 3** 6	**21 : 3** 7	**24 : 3** 8	**54 : 6** 9
27 : 3 9	**30 : 3** 10	**6 : 6** 1	**12 : 6** 2	**18 : 6** 3	**60 : 6** 10

PARTNER-KOPFRECHNEN 36

1. Rechne alle Aufgaben aus – alleine oder mit einem Partnerkind.
2. Falte das Blatt an der gestrichelten Linie. Stelle es zwischen dir und deinem Partnerkind auf.
3. Stellt euch nun abwechselnd Kopfrechenaufgaben.

0 : 3 = ____	24 : 3 = ____	0 : 6 = ____	48 : 6 = ____
3 : 3 = ____	27 : 3 = ____	6 : 6 = ____	54 : 6 = ____
6 : 3 = ____	30 : 3 = ____	12 : 6 = ____	60 : 6 = ____
9 : 3 = ____	21 : 3 = ____	18 : 6 = ____	36 : 6 = ____
12 : 3 = ____	6 : 3 = ____	24 : 6 = ____	42 : 6 = ____
15 : 3 = ____	18 : 3 = ____	30 : 6 = ____	12 : 6 = ____
18 : 3 = ____	9 : 3 = ____	36 : 6 = ____	18 : 6 = ____
21 : 3 = ____	15 : 3 = ____	42 : 6 = ____	30 : 6 = ____

1 : 3 und 1 : 6

(Faltlinie)

PARTNER-KOPFRECHNEN 36

1. Rechne alle Aufgaben aus – alleine oder mit einem Partnerkind.
2. Falte das Blatt an der gestrichelten Linie. Stelle es zwischen dir und deinem Partnerkind auf.
3. Stellt euch nun abwechselnd Kopfrechenaufgaben.

6 : 3 = ____	12 : 3 = ____	36 : 6 = ____	24 : 6 = ____
18 : 3 = ____	15 : 3 = ____	42 : 6 = ____	30 : 6 = ____
9 : 3 = ____	18 : 3 = ____	12 : 6 = ____	36 : 6 = ____
24 : 3 = ____	0 : 3 = ____	18 : 6 = ____	0 : 6 = ____
27 : 3 = ____	21 : 3 = ____	48 : 6 = ____	6 : 6 = ____
30 : 3 = ____	6 : 3 = ____	54 : 6 = ____	12 : 6 = ____
21 : 3 = ____	9 : 3 = ____	30 : 6 = ____	18 : 6 = ____
15 : 3 = ____	3 : 3 = ____	60 : 6 = ____	42 : 6 = ____

1 : 3 und 1 : 6

EINZEL-KOPFRECHNEN 37

1. Schneide die Kärtchen aus und lege sie aufeinander.
2. Nimm die Kärtchen in eine Hand. Lege den Daumen auf das Ergebnis.
3. Rechne die Aufgabe der oberen Karte. Kontrolliere, indem du diese Karte nach oben ziehst und das Ergebnis sichtbar wird.
   Falsch gerechnet? Stecke die Karte hinter den Stapel.
   Richtig gerechnet? Lege die Karte zur Seite.

0 : 7 0	**7 : 7** 1	**14 : 7** 2	**21 : 7** 3	**28 : 7** 4	**36 : 9** 4
35 : 7 5	**42 : 7** 6	**49 : 7** 7	**56 : 7** 8	**63 : 7** 9	**45 : 9** 5
70 : 7 10	**0 : 9** 0	**9 : 9** 1	**18 : 9** 2	**27 : 9** 3	**54 : 9** 6
36 : 9 4	**45 : 9** 5	**54 : 9** 6	**63 : 9** 7	**72 : 9** 8	**63 : 9** 7
81 : 9 9	**90 : 9** 10	**7 : 7** 1	**14 : 7** 2	**21 : 7** 3	**72 : 9** 8
28 : 7 4	**35 : 7** 5	**42 : 7** 6	**49 : 7** 7	**56 : 7** 8	**81 : 9** 9
63 : 7 9	**70 : 7** 10	**9 : 9** 1	**18 : 9** 2	**27 : 9** 3	**90 : 9** 10

PARTNER-KOPFRECHNEN 38

1. Rechne alle Aufgaben aus – alleine oder mit einem Partnerkind.
2. Falte das Blatt an der gestrichelten Linie. Stelle es zwischen dir und deinem Partnerkind auf.
3. Stellt euch nun abwechselnd Kopfrechenaufgaben.

0 : 7 = ___	56 : 7 = ___	0 : 9 = ___	72 : 9 = ___
7 : 7 = ___	63 : 7 = ___	9 : 9 = ___	81 : 9 = ___
14 : 7 = ___	70 : 7 = ___	18 : 9 = ___	90 : 9 = ___
21 : 7 = ___	42 : 7 = ___	27 : 9 = ___	54 : 9 = ___
28 : 7 = ___	14 : 7 = ___	36 : 9 = ___	63 : 9 = ___
35 : 7 = ___	28 : 7 = ___	45 : 9 = ___	18 : 9 = ___
42 : 7 = ___	49 : 7 = ___	54 : 9 = ___	27 : 9 = ___
49 : 7 = ___	21 : 7 = ___	63 : 9 = ___	45 : 9 = ___

1 : 7 und 1 : 9

(Faltlinie)

PARTNER-KOPFRECHNEN 38

1. Rechne alle Aufgaben aus – alleine oder mit einem Partnerkind.
2. Falte das Blatt an der gestrichelten Linie. Stelle es zwischen dir und deinem Partnerkind auf.
3. Stellt euch nun abwechselnd Kopfrechenaufgaben.

42 : 7 = ___	28 : 7 = ___	18 : 9 = ___	36 : 9 = ___
14 : 7 = ___	35 : 7 = ___	27 : 9 = ___	45 : 9 = ___
28 : 7 = ___	42 : 7 = ___	72 : 9 = ___	54 : 9 = ___
49 : 7 = ___	0 : 7 = ___	81 : 9 = ___	0 : 9 = ___
56 : 7 = ___	7 : 7 = ___	45 : 9 = ___	9 : 9 = ___
63 : 7 = ___	14 : 7 = ___	54 : 9 = ___	18 : 9 = ___
21 : 7 = ___	21 : 7 = ___	63 : 9 = ___	27 : 9 = ___
70 : 7 = ___	49 : 7 = ___	90 : 9 = ___	63 : 9 = ___

1 : 7 und 1 : 9

EINZEL-KOPFRECHNEN 39

1. Schneide die Kärtchen aus und lege sie aufeinander.
2. Nimm die Kärtchen in eine Hand. Lege den Daumen auf das Ergebnis.
3. Rechne die Aufgabe der oberen Karte. Kontrolliere, indem du diese Karte nach oben ziehst und das Ergebnis sichtbar wird.
   Falsch gerechnet? Stecke die Karte hinter den Stapel.
   Richtig gerechnet? Lege die Karte zur Seite.

62 + 37	**74 + 14**	**54 + 12**	**41 + 12**	**32 + 25**	**16 : 4**
99	88	66	53	57	4
42 + 39	**38 + 29**	**55 + 18**	**18 + 47**	**19 + 27**	**24 : 3**
81	67	73	65	46	8
89 – 65	**78 – 53**	**78 – 53**	**68 – 31**	**95 – 54**	**12 : 2**
24	25	66	37	41	6
85 – 49	**63 – 28**	**47 – 19**	**92 – 65**	**35 – 16**	**9 : 1**
36	35	28	27	19	9
1 • 2	**2 • 3**	**3 • 4**	**4 • 5**	**5 • 6**	**60 : 10**
2	6	12	20	30	6
6 • 7	**7 • 8**	**8 • 9**	**9 • 10**	**10 • 2**	**5 • 5**
42	56	72	90	20	25
27 : 9	**40 : 8**	**49 : 7**	**12 : 6**	**45 : 5**	**9 • 9**
3	5	7	2	9	81

1 + 1, 1 – 1, 1 · 1, 1 : 1 gemischt

1 + 1, 1 – 1, 1 · 1,
1 : 1 gemischt

39 + 36 = ____	61 – 38 = ____	7 · 3 = ____	42 : 7 = ____
16 + 59 = ____	82 – 69 = ____	3 · 6 = ____	27 : 3 = ____
38 + 45 = ____	83 – 15 = ____	2 · 4 = ____	36 : 4 = ____
54 + 27 = ____	94 – 67 = ____	4 · 4 = ____	14 : 2 = ____
35 + 49 = ____	55 – 26 = ____	5 · 9 = ____	20 : 5 = ____
77 + 18 = ____	58 – 19 = ____	5 · 7 = ____	24 : 8 = ____
39 + 34 = ____	91 – 64 = ____	8 · 8 = ____	63 : 7 = ____
81 + 19 = ____	26 – 18 = ____	9 · 9 = ____	70 : 10 = ____

3. Stellt euch nun abwechselnd Kopfrechenaufgaben.

2. Falte das Blatt an der gestrichelten Linie. Stelle es zwischen dir und deinem Partnerkind auf.

1. Rechne alle Aufgaben aus – alleine oder mit einem Partnerkind.

PARTNER-KOPFRECHNEN 40

altlinie)

PARTNER-KOPFRECHNEN 40

1. Rechne alle Aufgaben aus – alleine oder mit einem Partnerkind.
2. Falte das Blatt an der gestrichelten Linie. Stelle es zwischen dir und deinem Partnerkind auf.
3. Stellt euch nun abwechselnd Kopfrechenaufgaben.

45 – 26 = ____	28 + 45 = ____	14 : 2 = ____	6 · 7 = ____
38 – 19 = ____	54 + 37 = ____	20 : 5 = ____	9 · 5 = ____
52 – 27 = ____	35 + 59 = ____	24 : 3 = ____	8 · 3 = ____
61 – 38 = ____	67 + 18 = ____	48 : 6 = ____	2 · 6 = ____
82 – 59 = ____	72 + 19 = ____	35 : 7 = ____	3 · 4 = ____
73 – 16 = ____	58 + 36 = ____	27 : 9 = ____	4 · 2 = ____
81 – 74 = ____	39 + 44 = ____	64 : 8 = ____	7 · 8 = ____
36 – 17 = ____	64 + 28 = ____	50 : 10 = ____	10 · 10 = ____

1 + 1, 1 – 1, 1 · 1,
1 : 1 gemischt

GOLD-GENERALPROBE

Name: ....

1. Die Lehrerin oder der Lehrer sagt **10 Kopfrechen-Aufgaben**.
Schreibe die Ergebnisse auf.

a) ____ **b)** ____ **c)** ____ **d)** ____ **e)** ____ **f)** ____ **g)** ____ **h)** ____ **i)** ____ **j)** ____

2. Du hast für die schriftlichen Kopfrechen-Aufgaben
❍ 10 ❍ 15 ❍ 20 ❍ 25 Minuten Zeit.

33 + 47 = ____	83 – 16 = ____	8 · 5 = ____	7 · 5 = ____
46 + 36 = ____	96 – 47 = ____	2 · 7 = ____	2 · 3 = ____
25 + 48 = ____	75 – 39 = ____	3 · 6 = ____	8 · 6 = ____
19 + 76 = ____	65 – 48 = ____	4 · 9 = ____	3 · 7 = ____
68 + 19 = ____	47 – 18 = ____	5 · 3 = ____	6 · 9 = ____
57 + 25 = ____	54 – 35 = ____	6 · 5 = ____	9 · 4 = ____
86 + 14 = ____	62 – 34 = ____	7 · 4 = ____	4 · 8 = ____
36 : 4 = ____	36 : 9 = ____	32 : 4 = ____	32 : 8 = ____
14 : 2 = ____	14 : 7 = ____	16 : 2 = ____	56 : 7 = ____
20 : 5 = ____	20 : 4 = ____	20 : 10 = ____	20 : 2 = ____
24 : 3 = ____	24 : 6 = ____	24 : 8 = ____	24 : 4 = ____
12 : 6 = ____	12 : 3 = ____	12 : 4 = ____	12 : 2 = ____
40 : 5 = ____	40 : 8 = ____	40 : 4 = ____	40 : 10 = ____
42 : 6 = ____	42 : 7 = ____	45 : 9 = ____	45 : 5 = ____
72 : 8 = ____	72 : 9 = ____	27 : 3 = ____	27 : 9 = ____

Du bist ❍ bereit ❍ noch nicht bereit für die Gold-Prüfung.

Tipps: ....

Übe diese Kopfrechenaufgaben: ....
(z. B. Einmaleins mit 9 ...)
....

GOLD-PRÜFUNG

Name: ....

1. Die Lehrerin oder der Lehrer sagt **10 Kopfrechen-Aufgaben**.
Schreibe die Ergebnisse auf.

a) ____ **b)** ____ **c)** ____ **d)** ____ **e)** ____ **f)** ____ **g)** ____ **h)** ____ **i)** ____ **j)** ____

2. Du hast für die schriftlichen Kopfrechen-Aufgaben
❍ 10 ❍ 15 ❍ 20 ❍ 25 Minuten Zeit.

78 + 19 = ____	65 – 48 = ____	5 · 3 = ____	9 · 4 = ____
57 + 24 = ____	47 – 38 = ____	7 · 5 = ____	9 · 8 = ____
64 + 28 = ____	54 – 45 = ____	9 · 8 = ____	6 · 5 = ____
33 + 47 = ____	77 – 29 = ____	8 · 5 = ____	7 · 7 = ____
56 + 36 = ____	83 – 36 = ____	2 · 7 = ____	1 · 6 = ____
25 + 18 = ____	96 – 47 = ____	3 · 6 = ____	3 · 7 = ____
76 + 14 = ____	62 – 44 = ____	8 · 4 = ____	4 · 8 = ____
24 : 3 = ____	40 : 8 = ____	12 : 4 = ____	40 : 10 = ____
12 : 6 = ____	42 : 7 = ____	40 : 4 = ____	45 : 5 = ____
40 : 5 = ____	36 : 9 = ____	45 : 9 = ____	32 : 8 = ____
42 : 6 = ____	14 : 7 = ____	32 : 4 = ____	63 : 7 = ____
36 : 4 = ____	20 : 4 = ____	16 : 2 = ____	20 : 2 = ____
14 : 2 = ____	24 : 6 = ____	20 : 10 = ____	24 : 4 = ____
72 : 8 = ____	12 : 3 = ____	24 : 8 = ____	27 : 9 = ____
20 : 5 = ____	63 : 9 = ____	27 : 3 = ____	12 : 2 = ____

Zeit: ____ Minuten **Du hast ____ von 70 Aufgaben richtig im Kopf ausgerechnet.**

Du hast die Gold-Prüfung ❍ gut bestanden. ❍ bestanden. ❍ noch nicht bestanden.

Übe diese Kopfrechenaufgaben: ....
(z. B. Plusaufgaben mit Zehnerüberschreitung …)

Datum, Unterschrift: ....

KOPFRECHEN-SPIEL 7

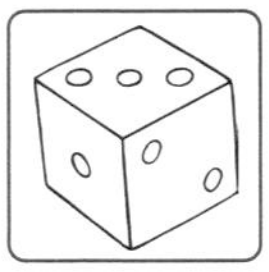

Kopfrechen-Schlange

Der Lehrer oder die Lehrerin teilt die Kinder in möglichst gleich große Teams ein – je nach Klassengröße in 2 Teams, in 3 Teams, in 4 Teams oder in 5 Teams. Die so gebildeten Teams stellen sich hintereinander auf und sind Rechenschlangen.

Der Lehrer oder die Lehrerin stellt eine Kopfrechenaufgabe, die von den vorderen Kindern, den Schlangenköpfen, ausgerechnet werden muss.
Der Schlangenkopf, der zuerst das richtige Ergebnis nennt, stellt sich hinter seine Schlange und das nächste Kind dieser Schlange ist der nächste Schlangenkopf.
Der Lehrer oder die Lehrerin stellt die nächste Kopfrechenaufgabe und so weiter.

Welche Schlange hat zuerst wieder ihren ersten „Schlangenkopf“ vorne stehen?

Tipp: Es ist sinnvoll, dieses Spiel zum Unterrichtsende vor einer Hofpause zu spielen: Es flitzen die Schlangen in die Hofpause, deren erster Schlangenkopf wieder vorne steht. So ist gewährleistet, dass wirklich alle Kinder rechnen.

KOPFRECHEN-SPIEL 8

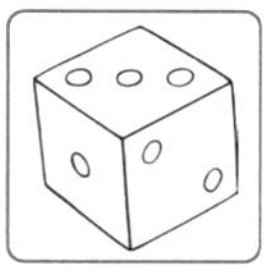

Kopfrechen-Zielschießen

Der Lehrer oder die Lehrerin teilt die Klasse in 2 Teams ein, zum Beispiel „Blau“ gegen „Rot“. Er oder sie malt einen blauen und roten Pfeil an die Tafel und schreibt über beide Pfeile diese Zahlen:

0, 0, 1, 1, 2, 2, 3, 3, 4, 4, 5, 5, 6, 6, 7, 7, 8, 8, 9, 9, 10, 20, 30, 40, 50, 60, 70, 80, 100.

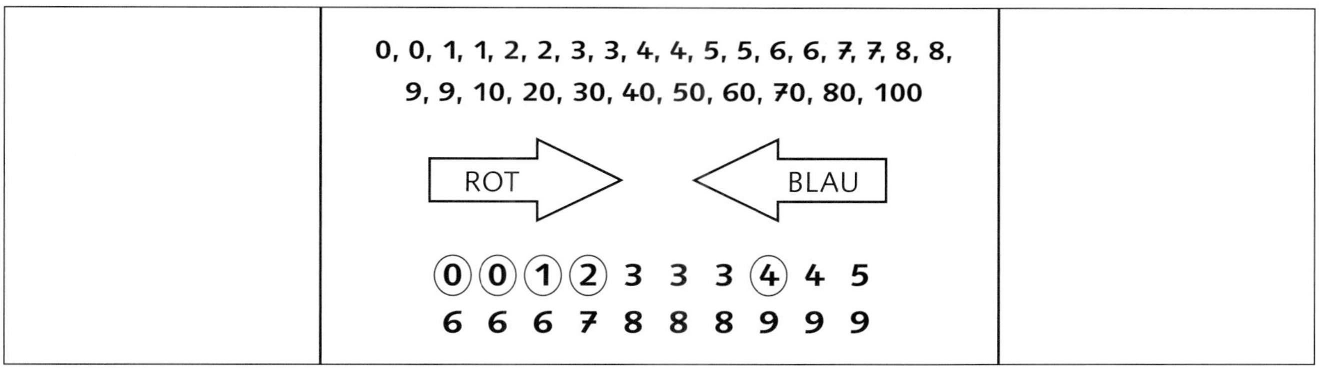

Nun schreibt er oder sie insgesamt <u>20 beliebige Zielziffern im Zahlenraum von 0 bis 9 unter</u> die Pfeile an die Tafel, zum Beispiel:

0, 0, 1, 2, 3, 3, 3, 4, 4, 5, 6, 6, 6, 7, 8, 8, 8, 9, 9, 9.

Blau beginnt, nennt eine beliebige Rechenaufgabe und das richtige Ergebnis, wobei bei der Aufgabe 2 Zahlen von den Zahlen, die über den Pfeilen sind, ausgesucht werden müssen. Diese 2 gewählten Zahlen werden sofort ausgewischt. Die Ziffern der Ergebniszahl werden <u>blau</u> eingekreist:
zum Beispiel: 50 – 8 = 42 (Ziffern 4 und 2)

Nun ist Rot an der Reihe, wählt eine beliebige Rechenaufgabe mit 2 Zahlen von der Zahlen über den Pfeilen, die dann ausgewischt werden. Die Ziffern der Ergebniszahl werden <u>rot</u> eingekreist:
zum Beispiel: 1 · 100 = 100 (Ziffern 1, 0 und 0)

Dann ist Blau wieder an der Reihe und so weiter. Die Teams müssen also versuchen, mit einer Aufgabe möglichst viele Ziffern unter den Pfeilen einzukreisen.

Bereits eingekreiste Ziffern können nicht noch einmal eingekreist werden!

Wer kann die meisten Ziffern in seiner Farbe einkreisen?

LÖSUNGEN

PARTNER-KOPFRECHNEN 2

1. Rechne alle Aufgaben aus – alleine oder mit einem Partnerkind.
2. Falte das Blatt an der gestrichelten Linie. Stelle es zwischen dir und deinem Partnerkind auf.
3. Stellt euch nun abwechselnd Kopfrechenaufgaben.

1 + 4 = 5	8 + 12 = 20	8 + 4 = 12	5 + 9 = 14
6 + 2 = 8	12 + 5 = 17	6 + 5 = 11	6 + 6 = 12
3 + 5 = 8	11 + 4 = 15	3 + 9 = 12	8 + 5 = 13
7 + 3 = 10	6 + 12 = 18	7 + 7 = 14	7 + 9 = 16
4 + 4 = 8	13 + 5 = 18	9 + 4 = 13	5 + 5 = 10
8 + 2 = 10	7 + 13 = 20	8 + 8 = 16	8 + 7 = 15
2 + 5 = 7	14 + 4 = 18	5 + 7 = 12	2 + 9 = 11

PARTNER-KOPFRECHNEN 4

1. Rechne alle Aufgaben aus – alleine oder mit einem Partnerkind.
2. Falte das Blatt an der gestrichelten Linie. Stelle es zwischen dir und deinem Partnerkind auf.
3. Stellt euch nun abwechselnd Kopfrechenaufgaben.

9 – 5 = 4	17 – 6 = 11	17 – 8 = 9	15 – 12 = 3
6 – 3 = 3	15 – 1 = 14	16 – 9 = 7	16 – 13 = 3
4 – 2 = 2	13 – 1 = 12	13 – 7 = 6	18 – 15 = 3
8 – 4 = 4	16 – 3 = 13	15 – 6 = 9	17 – 11 = 6
7 – 6 = 1	14 – 2 = 12	14 – 5 = 9	19 – 14 = 5
5 – 2 = 3	19 – 5 = 14	12 – 6 = 6	14 – 12 = 2
3 – 1 = 2	18 – 4 = 14	11 – 4 = 7	13 – 12 = 1

PARTNER-KOPFRECHNEN 2

1. Rechne alle Aufgaben aus – alleine oder mit einem Partnerkind.
2. Falte das Blatt an der gestrichelten Linie. Stelle es zwischen dir und deinem Partnerkind auf.
3. Stellt euch nun abwechselnd Kopfrechenaufgaben.

14 + 5 = 19	7 + 2 = 9	4 + 9 = 13	7 + 8 = 15
7 + 12 = 19	4 + 5 = 9	7 + 5 = 12	9 + 6 = 15
12 + 6 = 18	8 + 1 = 9	9 + 3 = 12	8 + 9 = 17
8 + 11 = 19	2 + 6 = 8	5 + 10 = 15	7 + 4 = 11
11 + 5 = 16	2 + 4 = 6	5 + 8 = 13	6 + 7 = 13
7 + 11 = 18	6 + 3 = 9	8 + 3 = 11	2 + 9 = 11
13 + 6 = 19	3 + 7 = 10	6 + 9 = 15	4 + 8 = 12

Ich werde KOPFRECHEN-PROFI | 15

PARTNER-KOPFRECHNEN 4

1. Rechne alle Aufgaben aus – alleine oder mit einem Partnerkind.
2. Falte das Blatt an der gestrichelten Linie. Stelle es zwischen dir und deinem Partnerkind auf.
3. Stellt euch nun abwechselnd Kopfrechenaufgaben.

16 – 2 = 14	9 – 4 = 5	19 – 16 = 3	13 – 8 = 5
14 – 1 = 13	8 – 6 = 2	14 – 11 = 3	15 – 7 = 8
15 – 2 = 13	6 – 2 = 4	15 – 13 = 2	14 – 7 = 7
18 – 5 = 13	3 – 2 = 1	16 – 12 = 4	12 – 3 = 9
17 – 3 = 14	7 – 2 = 5	18 – 14 = 4	11 – 5 = 6
18 – 7 = 11	9 – 6 = 3	17 – 15 = 2	17 – 9 = 8
17 – 4 = 13	6 – 4 = 2	13 – 11 = 2	16 – 8 = 8

Ich werde KOPFRECHEN-PROFI | 17

PARTNER-KOPFRECHNEN 6

1. Rechne alle Aufgaben aus – alleine oder mit einem Partnerkind.
2. Falte das Blatt an der gestrichelten Linie. Stelle es zwischen dir und deinem Partnerkind auf.
3. Stellt euch nun abwechselnd Kopfrechenaufgaben.

10 + 30 = 40	30 + 30 = 60	20 + 3 = 23	1 + 70 = 71
60 + 10 = 70	10 + 50 = 60	50 + 5 = 55	2 + 60 = 62
30 + 50 = 80	10 + 10 = 20	40 + 3 = 43	5 + 20 = 25
70 + 10 = 80	60 + 30 = 90	60 + 4 = 64	4 + 60 = 64
40 + 40 = 80	30 + 40 = 70	20 + 7 = 27	1 + 90 = 91
30 + 20 = 50	40 + 50 = 90	70 + 3 = 73	3 + 80 = 83
20 + 50 = 70	70 + 20 = 90	50 + 4 = 54	7 + 40 = 47

PARTNER-KOPFRECHNEN 8

1. Rechne alle Aufgaben aus – alleine oder mit einem Partnerkind.
2. Falte das Blatt an der gestrichelten Linie. Stelle es zwischen dir und deinem Partnerkind auf.
3. Stellt euch nun abwechselnd Kopfrechenaufgaben.

60 – 30 = 30	30 – 20 = 10	60 – 9 = 51	60 – 3 = 57
40 – 20 = 20	90 – 90 = 0	30 – 7 = 23	80 – 5 = 75
80 – 40 = 40	60 – 10 = 50	50 – 6 = 44	70 – 1 = 69
70 – 60 = 10	40 – 30 = 10	40 – 5 = 35	90 – 6 = 84
50 – 20 = 30	80 – 60 = 20	80 – 6 = 74	40 – 4 = 36
30 – 10 = 20	90 – 80 = 10	90 – 4 = 86	30 – 9 = 21
20 – 20 = 0	70 – 20 = 50	100 – 9 = 91	100 – 7 = 93

PARTNER-KOPFRECHNEN 6

1. Rechne alle Aufgaben aus – alleine oder mit einem Partnerkind.
2. Falte das Blatt an der gestrichelten Linie. Stelle es zwischen dir und deinem Partnerkind auf.
3. Stellt euch nun abwechselnd Kopfrechenaufgaben.

60 + 20 = 80	10 + 40 = 50	7 + 20 = 27	70 + 4 = 74
40 + 30 = 70	30 + 60 = 90	5 + 60 = 65	50 + 3 = 53
20 + 50 = 70	20 + 10 = 30	2 + 90 = 92	20 + 5 = 25
50 + 40 = 90	50 + 10 = 60	4 + 80 = 84	50 + 6 = 56
80 + 10 = 90	20 + 20 = 40	8 + 70 = 78	40 + 1 = 41
20 + 40 = 60	60 + 40 = 100	1 + 60 = 61	60 + 7 = 67
70 + 20 = 90	40 + 10 = 50	9 + 40 = 49	20 + 8 = 28

Ich werde KOPFRECHEN-PROFI | 19

PARTNER-KOPFRECHNEN 8

1. Rechne alle Aufgaben aus – alleine oder mit einem Partnerkind.
2. Falte das Blatt an der gestrichelten Linie. Stelle es zwischen dir und deinem Partnerkind auf.
3. Stellt euch nun abwechselnd Kopfrechenaufgaben.

60 – 40 = 20	80 – 50 = 30	90 – 4 = 86	100 – 4 = 96
90 – 20 = 70	70 – 40 = 30	40 – 6 = 34	70 – 7 = 63
50 – 40 = 10	50 – 30 = 20	30 – 7 = 23	60 – 3 = 57
40 – 20 = 20	90 – 30 = 60	100 – 9 = 91	30 – 2 = 28
90 – 10 = 80	60 – 20 = 40	50 – 3 = 47	50 – 1 = 49
80 – 70 = 10	40 – 10 = 30	60 – 2 = 58	40 – 5 = 35
90 – 70 = 20	10 – 10 = 0	80 – 8 = 72	80 – 5 = 75

Ich werde KOPFRECHEN-PROFI | 21

LÖSUNGEN

PARTNER-KOPFRECHNEN 10

1. Rechne alle Aufgaben aus – alleine oder mit einem Partnerkind.
2. Falte das Blatt an der gestrichelten Linie. Stelle es zwischen dir und deinem Partnerkind auf.
3. Stellt euch nun abwechselnd Kopfrechenaufgaben.

66 + 20 = 86	65 + 30 = 95	53 + 42 = 95	82 + 16 = 98
32 + 50 = 82	48 + 50 = 98	42 + 36 = 78	75 + 22 = 97
75 + 10 = 85	36 + 40 = 76	55 + 41 = 96	44 + 41 = 85
41 + 40 = 81	72 + 20 = 92	23 + 75 = 98	63 + 32 = 95
34 + 20 = 54	37 + 30 = 67	78 + 11 = 89	36 + 53 = 89
27 + 50 = 77	14 + 50 = 64	54 + 24 = 78	27 + 62 = 89
89 + 10 = 99	81 + 10 = 91	86 + 12 = 98	18 + 71 = 89

PARTNER-KOPFRECHNEN 10

1. Rechne alle Aufgaben aus – alleine oder mit einem Partnerkind.
2. Falte das Blatt an der gestrichelten Linie. Stelle es zwischen dir und deinem Partnerkind auf.
3. Stellt euch nun abwechselnd Kopfrechenaufgaben.

14 + 60 = 74	34 + 30 = 64	26 + 53 = 79	11 + 38 = 49
36 + 50 = 86	27 + 60 = 87	17 + 62 = 79	53 + 32 = 85
65 + 20 = 85	13 + 50 = 63	41 + 27 = 68	42 + 26 = 68
48 + 40 = 88	66 + 30 = 96	72 + 16 = 88	65 + 31 = 96
72 + 10 = 82	32 + 60 = 92	65 + 22 = 87	23 + 65 = 88
29 + 50 = 79	75 + 20 = 95	34 + 41 = 75	68 + 11 = 79
71 + 10 = 81	59 + 10 = 69	18 + 61 = 79	76 + 12 = 88

Ich werde KOPFRECHEN-PROFI | 23

PARTNER-KOPFRECHNEN 12

1. Rechne alle Aufgaben aus – alleine oder mit einem Partnerkind.
2. Falte das Blatt an der gestrichelten Linie. Stelle es zwischen dir und deinem Partnerkind auf.
3. Stellt euch nun abwechselnd Kopfrechenaufgaben.

61 – 30 = 31	36 – 10 = 26	65 – 43 = 22	66 – 36 = 30
49 – 20 = 29	92 – 90 = 2	38 – 17 = 21	87 – 52 = 35
82 – 40 = 42	98 – 30 = 68	64 – 32 = 32	79 – 15 = 64
74 – 60 = 14	67 – 10 = 57	47 – 23 = 24	98 – 67 = 31
58 – 20 = 38	45 – 30 = 15	83 – 21 = 62	43 – 41 = 2
37 – 10 = 27	84 – 60 = 24	96 – 42 = 54	37 – 14 = 23
26 – 20 = 6	79 – 20 = 59	62 – 41 = 21	99 – 71 = 28

PARTNER-KOPFRECHNEN 12

1. Rechne alle Aufgaben aus – alleine oder mit einem Partnerkind.
2. Falte das Blatt an der gestrichelten Linie. Stelle es zwischen dir und deinem Partnerkind auf.
3. Stellt euch nun abwechselnd Kopfrechenaufgaben.

36 – 20 = 16	58 – 30 = 28	37 – 24 = 13	83 – 31 = 52
92 – 80 = 12	93 – 40 = 53	54 – 32 = 22	96 – 52 = 44
98 – 40 = 58	61 – 10 = 51	66 – 46 = 20	79 – 45 = 34
53 – 50 = 3	49 – 30 = 19	87 – 62 = 25	65 – 23 = 42
67 – 20 = 47	37 – 20 = 17	79 – 25 = 54	38 – 37 = 1
45 – 20 = 25	82 – 60 = 22	98 – 77 = 21	54 – 12 = 42
79 – 30 = 49	26 – 10 = 16	99 – 81 = 18	62 – 21 = 41

Ich werde KOPFRECHEN-PROFI | 25

PARTNER-KOPFRECHNEN 14

1. Rechne alle Aufgaben aus – alleine oder mit einem Partnerkind.
2. Falte das Blatt an der gestrichelten Linie. Stelle es zwischen dir und deinem Partnerkind auf.
3. Stellt euch nun abwechselnd Kopfrechenaufgaben.

66 + 28 = 94	55 + 37 = 92	33 + 47 = 80	77 + 16 = 93
35 + 37 = 72	48 + 49 = 97	46 + 36 = 82	65 + 29 = 94
56 + 16 = 72	36 + 44 = 80	25 + 48 = 73	44 + 48 = 92
41 + 49 = 90	72 + 28 = 100	29 + 66 = 95	23 + 38 = 61
34 + 28 = 62	37 + 36 = 73	78 + 19 = 97	36 + 55 = 91
27 + 55 = 82	14 + 59 = 73	57 + 25 = 82	27 + 64 = 91
79 + 14 = 93	73 + 18 = 91	86 + 14 = 100	18 + 76 = 94

PARTNER-KOPFRECHNEN 14

1. Rechne alle Aufgaben aus – alleine oder mit einem Partnerkind.
2. Falte das Blatt an der gestrichelten Linie. Stelle es zwischen dir und deinem Partnerkind auf.
3. Stellt euch nun abwechselnd Kopfrechenaufgaben.

37 + 26 = 63	31 + 49 = 80	45 + 27 = 72	47 + 25 = 72
14 + 49 = 63	24 + 28 = 52	67 + 16 = 83	54 + 28 = 82
29 + 35 = 64	27 + 45 = 72	55 + 29 = 84	33 + 37 = 70
55 + 27 = 82	69 + 14 = 83	34 + 48 = 82	46 + 26 = 72
38 + 49 = 87	13 + 39 = 52	13 + 38 = 51	29 + 56 = 85
63 + 18 = 81	56 + 28 = 84	36 + 45 = 81	76 + 14 = 90
26 + 44 = 70	25 + 37 = 72	18 + 66 = 84	25 + 38 = 63

Ich werde KOPFRECHEN-PROFI | 27

PARTNER-KOPFRECHNEN 16

1. Rechne alle Aufgaben aus – alleine oder mit einem Partnerkind.
2. Falte das Blatt an der gestrichelten Linie. Stelle es zwischen dir und deinem Partnerkind auf.
3. Stellt euch nun abwechselnd Kopfrechenaufgaben.

61 – 38 = 23	36 – 18 = 18	65 – 48 = 17	66 – 38 = 28
46 – 28 = 18	92 – 79 = 13	47 – 18 = 29	87 – 59 = 28
82 – 45 = 37	91 – 33 = 58	54 – 35 = 19	71 – 15 = 56
74 – 66 = 8	67 – 19 = 48	77 – 29 = 48	93 – 67 = 26
58 – 29 = 29	45 – 37 = 8	83 – 16 = 67	43 – 26 = 17
37 – 18 = 19	84 – 66 = 18	96 – 47 = 49	37 – 19 = 18
33 – 15 = 18	74 – 25 = 49	62 – 34 = 28	92 – 74 = 18

PARTNER-KOPFRECHNEN 16

1. Rechne alle Aufgaben aus – alleine oder mit einem Partnerkind.
2. Falte das Blatt an der gestrichelten Linie. Stelle es zwischen dir und deinem Partnerkind auf.
3. Stellt euch nun abwechselnd Kopfrechenaufgaben.

74 – 15 = 59	68 – 29 = 39	73 – 67 = 6	93 – 16 = 77
84 – 56 = 28	47 – 18 = 29	53 – 26 = 27	86 – 47 = 39
53 – 36 = 17	36 – 29 = 7	47 – 19 = 28	65 – 39 = 26
26 – 18 = 8	93 – 47 = 46	64 – 27 = 37	55 – 48 = 7
92 – 69 = 23	71 – 38 = 33	92 – 64 = 28	77 – 18 = 59
81 – 33 = 48	56 – 28 = 28	66 – 48 = 18	64 – 35 = 29
67 – 29 = 38	92 – 45 = 47	97 – 59 = 38	82 – 34 = 48

Ich werde KOPFRECHEN-PROFI | 29

LÖSUNGEN

BRONZE-GENERALPROBE

Name: ____________

1. Die Lehrerin oder der Lehrer sagt **10 Kopfrechen-Aufgaben**.
   Schreibe die Ergebnisse auf.

   a) ___ b) ___ c) ___ d) ___ e) ___ f) ___ g) ___ h) ___ i) ___ j) ___

2. Du hast für die schriftlichen Kopfrechen-Aufgaben
   ◯ 10 ◯ 15 ◯ 20 ◯ 25 Minuten Zeit.

5 + 9 = 14	70 + 3 = 73	51 + 27 = 78	64 + 28 = 92
6 + 6 = 12	50 + 4 = 54	82 + 15 = 97	33 + 47 = 80
8 + 5 = 13	20 + 3 = 23	75 + 22 = 97	46 + 36 = 82
7 + 9 = 16	50 + 5 = 55	44 + 41 = 85	25 + 18 = 43
5 + 5 = 10	40 + 3 = 43	63 + 32 = 95	29 + 56 = 85
8 + 7 = 15	60 + 4 = 64	36 + 53 = 89	78 + 19 = 97
2 + 9 = 11	20 + 7 = 27	27 + 62 = 89	57 + 25 = 82
10 + 10 = 20	80 + 2 = 82	18 + 71 = 89	86 + 14 = 100
13 – 7 = 6	90 – 50 = 40	54 – 22 = 32	77 – 29 = 48
15 – 6 = 9	60 – 30 = 30	66 – 36 = 30	83 – 16 = 67
14 – 5 = 9	40 – 20 = 20	87 – 52 = 35	96 – 47 = 49
12 – 6 = 6	80 – 40 = 40	79 – 15 = 64	75 – 39 = 36
11 – 4 = 7	70 – 60 = 10	98 – 67 = 31	65 – 48 = 17
17 – 8 = 9	50 – 20 = 30	43 – 41 = 2	47 – 18 = 29
16 – 9 = 7	30 – 10 = 20	37 – 14 = 23	54 – 35 = 19

Du bist ◯ bereit ◯ noch nicht bereit für die Bronze-Prüfung.

PARTNER-KOPFRECHNEN 18

1. Rechne alle Aufgaben aus – alleine oder mit einem Partnerkind.
2. Falte das Blatt an der gestrichelten Linie. Stelle es zwischen dir und deinem Partnerkind auf.
3. Stellt euch nun abwechselnd Kopfrechenaufgaben.

0 · 1 = 0	8 · 1 = 8	0 · 2 = 0	8 · 2 = 16
1 · 1 = 1	9 · 1 = 9	1 · 2 = 2	9 · 2 = 18
2 · 1 = 2	10 · 1 = 10	2 · 2 = 4	10 · 2 = 20
3 · 1 = 3	0 · 1 = 0	3 · 2 = 6	0 · 2 = 0
4 · 1 = 4	5 · 1 = 5	4 · 2 = 8	2 · 2 = 4
5 · 1 = 5	10 · 1 = 10	5 · 2 = 10	9 · 2 = 18
6 · 1 = 6	2 · 1 = 2	6 · 2 = 12	7 · 2 = 14
7 · 1 = 7	3 · 1 = 3	7 · 2 = 14	4 · 2 = 8

PARTNER-KOPFRECHNEN 18

1. Rechne alle Aufgaben aus – alleine oder mit einem Partnerkind.
2. Falte das Blatt an der gestrichelten Linie. Stelle es zwischen dir und deinem Partnerkind auf.
3. Stellt euch nun abwechselnd Kopfrechenaufgaben.

5 · 1 = 5	3 · 1 = 3	9 · 2 = 18	4 · 2 = 8
10 · 1 = 10	4 · 1 = 4	4 · 2 = 8	6 · 2 = 12
2 · 1 = 2	5 · 1 = 5	8 · 2 = 16	5 · 2 = 10
0 · 1 = 0	6 · 1 = 6	3 · 2 = 6	0 · 2 = 0
10 · 1 = 10	0 · 1 = 0	10 · 2 = 20	1 · 2 = 2
0 · 1 = 0	1 · 1 = 1	7 · 2 = 14	2 · 2 = 4
8 · 1 = 8	7 · 1 = 7	0 · 2 = 0	7 · 2 = 14
9 · 1 = 9	2 · 1 = 2	2 · 2 = 4	3 · 2 = 6

BRONZE-TRAININGSTEIL

BRONZE-PRÜFUNG

Name: ____________

1. Die Lehrerin oder der Lehrer sagt **10 Kopfrechen-Aufgaben**.
   Schreibe die Ergebnisse auf.

   a) ___ b) ___ c) ___ d) ___ e) ___ f) ___ g) ___ h) ___ i) ___ j) ___

2. Du hast für die schriftlichen Kopfrechen-Aufgaben
   ◯ 10 ◯ 15 ◯ 20 ◯ 25 Minuten Zeit.

7 + 7 = 14	1 + 70 = 71	54 + 24 = 78	62 + 28 = 90
9 + 4 = 13	2 + 60 = 62	21 + 38 = 59	37 + 36 = 73
8 + 8 = 16	5 + 20 = 25	53 + 42 = 95	14 + 59 = 73
8 + 4 = 12	4 + 60 = 64	42 + 36 = 78	29 + 45 = 74
6 + 5 = 11	1 + 90 = 91	65 + 31 = 96	55 + 37 = 92
3 + 9 = 12	3 + 80 = 83	23 + 75 = 98	38 + 59 = 97
5 + 7 = 12	7 + 40 = 47	78 + 11 = 89	73 + 18 = 91
9 + 9 = 18	8 + 30 = 38	86 + 12 = 98	36 + 44 = 80
15 – 7 = 8	70 – 20 = 50	47 – 23 = 24	54 – 27 = 27
16 – 8 = 8	50 – 40 = 10	83 – 21 = 62	66 – 38 = 28
12 – 5 = 7	30 – 20 = 10	96 – 42 = 54	87 – 59 = 28
17 – 9 = 8	60 – 10 = 50	79 – 25 = 54	71 – 15 = 56
11 – 3 = 8	40 – 30 = 10	65 – 43 = 22	93 – 67 = 26
14 – 6 = 8	90 – 30 = 60	38 – 17 = 21	43 – 26 = 17

Zeit: ___ Minuten Du hast ___ von 66 Aufgaben richtig im Kopf ausgerechnet.

Du hast die Bronze-Prüfung ◯ gut bestanden. ◯ bestanden. ◯ noch nicht bestanden.

PARTNER-KOPFRECHNEN 20

1. Rechne alle Aufgaben aus – alleine oder mit einem Partnerkind.
2. Falte das Blatt an der gestrichelten Linie. Stelle es zwischen dir und deinem Partnerkind auf.
3. Stellt euch nun abwechselnd Kopfrechenaufgaben.

0 · 5 = 0	8 · 5 = 40	0 · 10 = 0	8 · 10 = 80
1 · 5 = 5	9 · 5 = 45	1 · 10 = 10	9 · 10 = 90
2 · 5 = 10	10 · 5 = 50	2 · 10 = 20	10 · 10 = 100
3 · 5 = 15	3 · 5 = 15	3 · 10 = 30	7 · 10 = 70
4 · 5 = 20	5 · 5 = 25	4 · 10 = 40	2 · 10 = 20
5 · 5 = 25	7 · 5 = 35	5 · 10 = 50	9 · 10 = 90
6 · 5 = 30	9 · 5 = 45	6 · 10 = 60	4 · 10 = 40
7 · 5 = 35	6 · 5 = 30	7 · 10 = 70	5 · 10 = 50

PARTNER-KOPFRECHNEN 20

1. Rechne alle Aufgaben aus – alleine oder mit einem Partnerkind.
2. Falte das Blatt an der gestrichelten Linie. Stelle es zwischen dir und deinem Partnerkind auf.
3. Stellt euch nun abwechselnd Kopfrechenaufgaben.

3 · 5 = 15	6 · 5 = 30	9 · 10 = 90	4 · 10 = 40
5 · 5 = 25	8 · 5 = 40	4 · 10 = 40	5 · 10 = 50
7 · 5 = 35	0 · 5 = 0	8 · 10 = 80	6 · 10 = 60
9 · 5 = 45	1 · 5 = 5	1 · 10 = 10	0 · 10 = 0
8 · 5 = 40	2 · 5 = 10	10 · 10 = 100	1 · 10 = 10
10 · 5 = 50	3 · 5 = 15	7 · 10 = 70	2 · 10 = 20
6 · 5 = 30	7 · 5 = 35	2 · 10 = 20	3 · 10 = 30
9 · 5 = 45	4 · 5 = 20	3 · 10 = 30	7 · 10 = 70

LÖSUNGEN

PARTNER-KOPFRECHNEN 22

1. Rechne alle Aufgaben aus – alleine oder mit einem Partnerkind.
2. Falte das Blatt an der gestrichelten Linie. Stelle es zwischen dir und deinem Partnerkind auf.
3. Stellt euch nun abwechselnd Kopfrechenaufgaben.

0 · 4 = 0	8 · 4 = 32	0 · 8 = 0	8 · 8 = 64
1 · 4 = 4	9 · 4 = 36	1 · 8 = 8	9 · 8 = 72
2 · 4 = 8	10 · 4 = 40	2 · 8 = 16	10 · 8 = 80
3 · 4 = 12	3 · 4 = 12	3 · 8 = 24	7 · 8 = 56
4 · 4 = 16	5 · 4 = 20	4 · 8 = 32	2 · 8 = 16
5 · 4 = 20	7 · 4 = 28	5 · 8 = 40	5 · 8 = 40
6 · 4 = 24	9 · 4 = 36	6 · 8 = 48	4 · 8 = 32
7 · 4 = 28	4 · 4 = 16	7 · 8 = 56	3 · 8 = 24

PARTNER-KOPFRECHNEN 22

1. Rechne alle Aufgaben aus – alleine oder mit einem Partnerkind.
2. Falte das Blatt an der gestrichelten Linie. Stelle es zwischen dir und deinem Partnerkind auf.
3. Stellt euch nun abwechselnd Kopfrechenaufgaben.

3 · 4 = 12	5 · 4 = 20	5 · 8 = 40	4 · 8 = 32
5 · 4 = 20	6 · 4 = 24	4 · 8 = 32	5 · 8 = 40
7 · 4 = 28	0 · 4 = 0	3 · 8 = 24	6 · 8 = 48
9 · 4 = 36	1 · 4 = 4	9 · 8 = 72	0 · 8 = 0
4 · 4 = 16	2 · 4 = 8	10 · 8 = 80	1 · 8 = 8
8 · 4 = 32	3 · 4 = 12	8 · 8 = 64	2 · 8 = 16
9 · 4 = 36	4 · 4 = 16	7 · 8 = 56	3 · 8 = 24
10 · 4 = 40	7 · 4 = 28	2 · 8 = 16	7 · 8 = 56

Ich werde KOPFRECHEN-PROFI | 43

PARTNER-KOPFRECHNEN 24

1. Rechne alle Aufgaben aus – alleine oder mit einem Partnerkind.
2. Falte das Blatt an der gestrichelten Linie. Stelle es zwischen dir und deinem Partnerkind auf.
3. Stellt euch nun abwechselnd Kopfrechenaufgaben.

0 · 3 = 0	8 · 3 = 24	0 · 6 = 0	8 · 6 = 48
1 · 3 = 3	9 · 3 = 27	1 · 6 = 6	9 · 6 = 54
2 · 3 = 6	10 · 3 = 30	2 · 6 = 12	10 · 6 = 60
3 · 3 = 9	3 · 3 = 9	3 · 6 = 18	7 · 6 = 42
4 · 3 = 12	5 · 3 = 15	4 · 6 = 24	2 · 6 = 12
5 · 3 = 15	7 · 3 = 21	5 · 6 = 30	5 · 6 = 30
6 · 3 = 18	2 · 3 = 6	6 · 6 = 36	4 · 6 = 24
7 · 3 = 21	4 · 3 = 12	7 · 6 = 42	6 · 6 = 36

PARTNER-KOPFRECHNEN 24

1. Rechne alle Aufgaben aus – alleine oder mit einem Partnerkind.
2. Falte das Blatt an der gestrichelten Linie. Stelle es zwischen dir und deinem Partnerkind auf.
3. Stellt euch nun abwechselnd Kopfrechenaufgaben.

3 · 3 = 9	5 · 3 = 15	2 · 6 = 12	6 · 6 = 36
5 · 3 = 15	6 · 3 = 18	5 · 6 = 30	0 · 6 = 0
7 · 3 = 21	0 · 3 = 0	4 · 6 = 24	1 · 6 = 6
2 · 3 = 6	1 · 3 = 3	8 · 6 = 48	2 · 6 = 12
8 · 3 = 24	4 · 3 = 12	9 · 6 = 54	3 · 6 = 18
9 · 3 = 27	3 · 3 = 9	10 · 6 = 60	4 · 6 = 24
10 · 3 = 30	2 · 3 = 6	7 · 6 = 42	5 · 6 = 30
4 · 3 = 12	7 · 3 = 21	6 · 6 = 36	7 · 6 = 42

Ich werde KOPFRECHEN-PROFI | 45

PARTNER-KOPFRECHNEN 26

1. Rechne alle Aufgaben aus – alleine oder mit einem Partnerkind.
2. Falte das Blatt an der gestrichelten Linie. Stelle es zwischen dir und deinem Partnerkind auf.
3. Stellt euch nun abwechselnd Kopfrechenaufgaben.

0 · 7 = 0	8 · 7 = 56	0 · 9 = 0	8 · 9 = 72
1 · 7 = 7	9 · 7 = 63	1 · 9 = 9	9 · 9 = 81
2 · 7 = 14	10 · 7 = 70	2 · 9 = 18	10 · 9 = 90
3 · 7 = 21	3 · 7 = 21	3 · 9 = 27	7 · 9 = 63
4 · 7 = 28	5 · 7 = 35	4 · 9 = 36	2 · 9 = 18
5 · 7 = 35	7 · 7 = 49	5 · 9 = 45	5 · 9 = 45
6 · 7 = 42	9 · 7 = 63	6 · 9 = 54	4 · 9 = 36
7 · 7 = 49	4 · 7 = 28	7 · 9 = 63	6 · 9 = 54

PARTNER-KOPFRECHNEN 26

1. Rechne alle Aufgaben aus – alleine oder mit einem Partnerkind.
2. Falte das Blatt an der gestrichelten Linie. Stelle es zwischen dir und deinem Partnerkind auf.
3. Stellt euch nun abwechselnd Kopfrechenaufgaben.

3 · 7 = 21	5 · 7 = 35	10 · 9 = 90	4 · 9 = 36
5 · 7 = 35	6 · 7 = 42	7 · 9 = 63	5 · 9 = 45
7 · 7 = 49	0 · 7 = 0	2 · 9 = 18	6 · 9 = 54
4 · 7 = 28	7 · 7 = 49	9 · 9 = 81	0 · 9 = 0
9 · 7 = 63	1 · 7 = 7	4 · 9 = 36	7 · 9 = 63
8 · 7 = 56	2 · 7 = 14	8 · 9 = 72	1 · 9 = 9
10 · 7 = 70	3 · 7 = 21	5 · 9 = 45	2 · 9 = 18
2 · 7 = 14	4 · 7 = 28	6 · 9 = 54	3 · 9 = 27

Ich werde KOPFRECHEN-PROFI | 47

PARTNER-KOPFRECHNEN 28

1. Rechne alle Aufgaben aus – alleine oder mit einem Partnerkind.
2. Falte das Blatt an der gestrichelten Linie. Stelle es zwischen dir und deinem Partnerkind auf.
3. Stellt euch nun abwechselnd Kopfrechenaufgaben.

72 + 28 = 100	54 − 29 = 25	9 · 3 = 27	8 · 6 = 48
37 + 34 = 71	66 − 18 = 48	8 · 5 = 40	3 · 7 = 21
16 + 59 = 75	97 − 59 = 38	2 · 6 = 12	6 · 9 = 54
29 + 47 = 76	71 − 35 = 36	3 · 4 = 12	9 · 4 = 36
65 + 27 = 92	93 − 57 = 36	4 · 2 = 8	5 · 2 = 10
28 + 59 = 87	43 − 16 = 27	5 · 9 = 45	7 · 4 = 28
63 + 18 = 81	37 − 29 = 8	6 · 7 = 42	2 · 3 = 6
36 + 34 = 70	92 − 84 = 8	7 · 8 = 56	4 · 8 = 32

PARTNER-KOPFRECHNEN 28

1. Rechne alle Aufgaben aus – alleine oder mit einem Partnerkind.
2. Falte das Blatt an der gestrichelten Linie. Stelle es zwischen dir und deinem Partnerkind auf.
3. Stellt euch nun abwechselnd Kopfrechenaufgaben.

71 − 15 = 46	38 + 59 = 97	5 · 2 = 10	6 · 7 = 42
93 − 67 = 26	73 + 18 = 91	7 · 5 = 35	9 · 3 = 27
43 − 26 = 17	22 + 28 = 50	2 · 3 = 6	8 · 5 = 40
37 − 19 = 18	37 + 36 = 73	8 · 6 = 48	2 · 6 = 12
54 − 27 = 27	14 + 59 = 73	3 · 7 = 21	3 · 4 = 12
66 − 38 = 28	29 + 45 = 74	6 · 9 = 54	4 · 2 = 8
87 − 59 = 28	55 + 37 = 92	9 · 4 = 36	5 · 9 = 45
92 − 74 = 18	36 + 44 = 80	4 · 8 = 32	7 · 8 = 56

Ich werde KOPFRECHEN-PROFI | 49

LÖSUNGEN

SILBER-TRAININGSTEIL

SILBER-GENERALPROBE Name:

1. Die Lehrerin oder der Lehrer sagt **10 Kopfrechen-Aufgaben**. Schreibe die Ergebnisse auf.

a) ___ b) ___ c) ___ d) ___ e) ___ f) ___ g) ___ h) ___ i) ___ j) ___

2. Du hast für die schriftlichen Kopfrechen-Aufgaben
❍ 10 ❍ 15 ❍ 20 ❍ 25 Minuten Zeit.

32 + 16 = 48	33 + 47 = 80	66 − 36 = 30	83 − 16 = 67
75 + 22 = 97	46 + 36 = 82	87 − 52 = 35	96 − 47 = 49
44 + 41 = 85	25 + 48 = 73	79 − 15 = 64	75 − 39 = 36
23 + 32 = 55	29 + 66 = 95	98 − 67 = 31	65 − 48 = 17
36 + 53 = 89	78 + 19 = 97	43 − 41 = 2	47 − 18 = 29
27 + 62 = 89	57 + 25 = 82	37 − 14 = 23	54 − 35 = 19
18 + 71 = 89	86 + 14 = 100	99 − 71 = 28	62 − 34 = 28
5 · 2 = 10	6 · 7 = 42	9 · 8 = 72	5 · 5 = 25
7 · 5 = 35	9 · 3 = 27	8 · 5 = 40	7 · 7 = 49
2 · 3 = 6	8 · 5 = 40	2 · 7 = 14	2 · 2 = 4
8 · 6 = 48	2 · 6 = 12	3 · 6 = 18	8 · 8 = 64
3 · 7 = 21	3 · 4 = 12	4 · 9 = 36	3 · 3 = 9
6 · 9 = 54	4 · 2 = 8	5 · 3 = 15	6 · 6 = 36
9 · 4 = 36	5 · 9 = 45	6 · 5 = 30	9 · 9 = 81
4 · 8 = 32	7 · 8 = 56	7 · 4 = 28	4 · 4 = 16

Du bist ❍ bereit ❍ noch nicht bereit für die Silber-Prüfung.

SILBER-TRAININGSTEIL

SILBER-PRÜFUNG Name:

1. Die Lehrerin oder der Lehrer sagt **10 Kopfrechen-Aufgaben**. Schreibe die Ergebnisse auf.

a) ___ b) ___ c) ___ d) ___ e) ___ f) ___ g) ___ h) ___ i) ___ j) ___

2. Du hast für die schriftlichen Kopfrechen-Aufgaben
❍ 10 ❍ 15 ❍ 20 ❍ 25 Minuten Zeit.

21 + 38 = 59	37 + 36 = 73	83 − 21 = 62	66 − 38 = 28
53 + 42 = 95	14 + 59 = 73	96 − 42 = 54	87 − 59 = 28
42 + 36 = 78	29 + 45 = 74	79 − 25 = 54	71 − 15 = 56
65 + 31 = 96	65 + 27 = 92	65 − 43 = 22	93 − 67 = 26
23 + 75 = 98	48 + 49 = 97	38 − 17 = 21	43 − 36 = 7
78 + 11 = 89	73 + 18 = 91	54 − 32 = 22	37 − 19 = 18
86 + 12 = 98	36 + 44 = 80	62 − 41 = 21	92 − 74 = 18
9 · 3 = 27	8 · 6 = 48	9 · 2 = 18	8 · 8 = 64
8 · 5 = 40	3 · 7 = 21	8 · 4 = 32	3 · 3 = 9
2 · 6 = 12	6 · 9 = 54	2 · 9 = 18	6 · 6 = 36
3 · 4 = 12	9 · 4 = 36	3 · 5 = 15	9 · 9 = 81
4 · 2 = 8	5 · 2 = 10	4 · 8 = 32	5 · 5 = 25
5 · 9 = 45	7 · 5 = 35	5 · 3 = 15	7 · 7 = 49
6 · 7 = 42	2 · 3 = 6	6 · 4 = 24	2 · 2 = 4
7 · 8 = 56	4 · 8 = 32	7 · 6 = 42	4 · 4 = 16

Zeit: ___ Minuten Du hast ___ von 70 Aufgaben richtig im Kopf ausgerechnet.

Du hast die Silber-Prüfung ❍ gut bestanden. ❍ bestanden. ❍ noch nicht bestanden.

PARTNER-KOPFRECHNEN 30

1. Rechne alle Aufgaben aus – alleine oder mit einem Partnerkind.
2. Falte das Blatt an der gestrichelten Linie. Stelle es zwischen dir und deinem Partnerkind auf.
3. Stellt euch nun abwechselnd Kopfrechenaufgaben.

PARTNER-KOPFRECHNEN 32

1. Rechne alle Aufgaben aus – alleine oder mit einem Partnerkind.
2. Falte das Blatt an der gestrichelten Linie. Stelle es zwischen dir und deinem Partnerkind auf.
3. Stellt euch nun abwechselnd Kopfrechenaufgaben.

PARTNER-KOPFRECHNEN 30

1. Rechne alle Aufgaben aus – alleine oder mit einem Partnerkind.
2. Falte das Blatt an der gestrichelten Linie. Stelle es zwischen dir und deinem Partnerkind auf.
3. Stellt euch nun abwechselnd Kopfrechenaufgaben.

5 : 1 = 5	3 : 1 = 3	14 : 2 = 7	4 : 2 = 2
10 : 1 = 10	4 : 1 = 4	6 : 2 = 3	8 : 2 = 4
2 : 1 = 2	5 : 1 = 5	18 : 2 = 9	10 : 2 = 5
8 : 1 = 8	0 : 1 = 0	16 : 2 = 8	12 : 2 = 6
9 : 1 = 9	1 : 1 = 1	12 : 2 = 6	18 : 2 = 9
10 : 1 = 10	7 : 1 = 7	20 : 2 = 10	2 : 2 = 1
0 : 1 = 0	6 : 1 = 6	10 : 2 = 5	6 : 2 = 3
6 : 1 = 6	2 : 1 = 2	8 : 2 = 4	14 : 2 = 7

PARTNER-KOPFRECHNEN 32

1. Rechne alle Aufgaben aus – alleine oder mit einem Partnerkind.
2. Falte das Blatt an der gestrichelten Linie. Stelle es zwischen dir und deinem Partnerkind auf.
3. Stellt euch nun abwechselnd Kopfrechenaufgaben.

20 : 5 = 4	15 : 5 = 3	30 : 10 = 3	50 : 10 = 5
40 : 5 = 8	35 : 5 = 7	40 : 10 = 4	60 : 10 = 6
45 : 5 = 9	25 : 5 = 5	60 : 10 = 6	0 : 10 = 0
15 : 5 = 3	30 : 5 = 6	90 : 10 = 9	10 : 10 = 1
10 : 5 = 2	40 : 5 = 8	100 : 10 = 10	70 : 10 = 7
30 : 5 = 6	0 : 5 = 0	70 : 10 = 7	30 : 10 = 3
25 : 5 = 5	10 : 5 = 2	20 : 10 = 2	40 : 10 = 4
50 : 5 = 10	20 : 5 = 4	80 : 10 = 8	20 : 10 = 2

LÖSUNGEN

PARTNER-KOPFRECHNEN 34

PARTNER-KOPFRECHNEN 34

1. Rechne alle Aufgaben aus – alleine oder mit einem Partnerkind.
2. Falte das Blatt an der gestrichelten Linie. Stelle es zwischen dir und deinem Partnerkind auf.
3. Stellt euch nun abwechselnd Kopfrechenaufgaben.

1. Rechne alle Aufgaben aus – alleine oder mit einem Partnerkind.
2. Falte das Blatt an der gestrichelten Linie. Stelle es zwischen dir und deinem Partnerkind auf.
3. Stellt euch nun abwechselnd Kopfrechenaufgaben.

16 : 4 = 4	40 : 4 = 10	40 : 8 = 5	80 : 8 = 10
20 : 4 = 5	8 : 4 = 2	48 : 8 = 6	24 : 8 = 3
24 : 4 = 6	28 : 4 = 7	32 : 4 = 8	40 : 8 = 5
0 : 4 = 0	32 : 4 = 8	36 : 4 = 9	16 : 8 = 2
4 : 4 = 1	36 : 4 = 9	40 : 4 = 10	32 : 8 = 4
8 : 4 = 2	12 : 4 = 3	20 : 4 = 5	64 : 8 = 8
12 : 4 = 3	20 : 4 = 5	16 : 4 = 4	72 : 8 = 9
28 : 4 = 7	16 : 4 = 4	56 : 8 = 7	48 : 8 = 6

PARTNER-KOPFRECHNEN 36

PARTNER-KOPFRECHNEN 36

1. Rechne alle Aufgaben aus – alleine oder mit einem Partnerkind.
2. Falte das Blatt an der gestrichelten Linie. Stelle es zwischen dir und deinem Partnerkind auf.
3. Stellt euch nun abwechselnd Kopfrechenaufgaben.

1. Rechne alle Aufgaben aus – alleine oder mit einem Partnerkind.
2. Falte das Blatt an der gestrichelten Linie. Stelle es zwischen dir und deinem Partnerkind auf.
3. Stellt euch nun abwechselnd Kopfrechenaufgaben.

6 : 3 = 2	12 : 3 = 4	36 : 6 = 6	24 : 6 = 4
18 : 3 = 6	15 : 3 = 5	42 : 6 = 7	30 : 6 = 5
9 : 3 = 3	18 : 3 = 6	12 : 6 = 2	36 : 6 = 6
24 : 3 = 8	0 : 3 = 0	18 : 6 = 3	0 : 6 = 0
27 : 3 = 9	21 : 3 = 7	48 : 6 = 8	6 : 6 = 1
30 : 3 = 10	6 : 3 = 2	54 : 6 = 9	12 : 6 = 2
21 : 3 = 7	9 : 3 = 3	30 : 6 = 5	18 : 6 = 3
15 : 3 = 5	3 : 3 = 1	60 : 6 = 10	42 : 6 = 7

PARTNER-KOPFRECHNEN 38

PARTNER-KOPFRECHNEN 38

1. Rechne alle Aufgaben aus – alleine oder mit einem Partnerkind.
2. Falte das Blatt an der gestrichelten Linie. Stelle es zwischen dir und deinem Partnerkind auf.
3. Stellt euch nun abwechselnd Kopfrechenaufgaben.

1. Rechne alle Aufgaben aus – alleine oder mit einem Partnerkind.
2. Falte das Blatt an der gestrichelten Linie. Stelle es zwischen dir und deinem Partnerkind auf.
3. Stellt euch nun abwechselnd Kopfrechenaufgaben.

42 : 7 = 6	28 : 7 = 4	18 : 9 = 2	36 : 9 = 4
14 : 7 = 2	35 : 7 = 5	27 : 9 = 3	45 : 9 = 5
28 : 7 = 4	42 : 7 = 6	72 : 9 = 8	54 : 9 = 6
49 : 7 = 7	0 : 7 = 0	81 : 9 = 9	0 : 9 = 0
56 : 7 = 8	7 : 7 = 1	45 : 9 = 5	9 : 9 = 1
63 : 7 = 9	14 : 7 = 2	54 : 9 = 6	18 : 9 = 2
21 : 7 = 3	21 : 7 = 3	63 : 9 = 7	27 : 9 = 3
70 : 7 = 10	49 : 7 = 7	90 : 9 = 10	63 : 9 = 7

PARTNER-KOPFRECHNEN 40

PARTNER-KOPFRECHNEN 40

1. Rechne alle Aufgaben aus – alleine oder mit einem Partnerkind.
2. Falte das Blatt an der gestrichelten Linie. Stelle es zwischen dir und deinem Partnerkind auf.
3. Stellt euch nun abwechselnd Kopfrechenaufgaben.

1. Rechne alle Aufgaben aus – alleine oder mit einem Partnerkind.
2. Falte das Blatt an der gestrichelten Linie. Stelle es zwischen dir und deinem Partnerkind auf.
3. Stellt euch nun abwechselnd Kopfrechenaufgaben.

45 – 26 = 19	28 + 45 = 73	14 : 2 = 7	6 · 7 = 42
38 – 19 = 19	54 + 37 = 91	20 : 5 = 4	9 · 5 = 45
52 – 27 = 25	35 + 59 = 94	24 : 3 = 8	8 · 3 = 24
61 – 38 = 23	67 + 18 = 85	48 : 6 = 8	2 · 6 = 12
82 – 59 = 23	72 + 19 = 91	35 : 7 = 5	3 · 4 = 12
73 – 16 = 57	58 + 36 = 94	27 : 9 = 3	4 · 2 = 8
81 – 74 = 7	39 + 44 = 83	64 : 8 = 8	7 · 8 = 56
36 – 17 = 19	64 + 28 = 92	50 : 10 = 5	10 · 10 = 100

LÖSUNGEN

GOLD-TRAININGSTEIL

GOLD-GENERALPROBE

Name:

1. Die Lehrerin oder der Lehrer sagt **10 Kopfrechen-Aufgaben**.
Schreibe die Ergebnisse auf.

a) ____ b) ____ c) ____ d) ____ e) ____ f) ____ g) ____ h) ____ i) ____ j) ____

2. Du hast für die schriftlichen Kopfrechen-Aufgaben
❍ 10 ❍ 15 ❍ 20 ❍ 25 Minuten Zeit.

33 + 47 = 80	83 − 16 = 67	8 · 5 = 40	7 · 5 = 35
46 + 36 = 82	96 − 47 = 49	2 · 7 = 14	2 · 3 = 6
25 + 48 = 73	75 − 39 = 36	3 · 6 = 18	8 · 6 = 48
19 + 76 = 95	65 − 48 = 17	4 · 9 = 36	3 · 7 = 21
68 + 19 = 87	47 − 18 = 29	5 · 3 = 15	6 · 9 = 54
57 + 25 = 82	54 − 35 = 19	6 · 5 = 30	9 · 4 = 36
86 + 14 = 100	62 − 34 = 28	7 · 4 = 28	4 · 8 = 32
36 : 4 = 9	36 : 9 = 4	32 : 4 = 8	32 : 8 = 4
14 : 2 = 7	14 : 7 = 2	16 : 2 = 8	56 : 7 = 8
20 : 5 = 4	20 : 4 = 5	20 : 10 = 2	20 : 2 = 10
24 : 3 = 8	24 : 6 = 4	24 : 8 = 3	24 : 4 = 6
12 : 6 = 2	12 : 3 = 4	12 : 4 = 3	12 : 2 = 6
40 : 5 = 8	40 : 8 = 5	40 : 4 = 10	40 : 10 = 4
42 : 6 = 7	42 : 7 = 6	45 : 9 = 5	45 : 5 = 9
72 : 8 = 9	72 : 9 = 8	27 : 3 = 9	27 : 9 = 3

Du bist ❍ bereit ❍ noch nicht bereit für die Gold-Prüfung.

GOLD-TRAININGSTEIL

GOLD-PRÜFUNG

Name:

1. Die Lehrerin oder der Lehrer sagt **10 Kopfrechen-Aufgaben**.
Schreibe die Ergebnisse auf.

a) ____ b) ____ c) ____ d) ____ e) ____ f) ____ g) ____ h) ____ i) ____ j) ____

2. Du hast für die schriftlichen Kopfrechen-Aufgaben
❍ 10 ❍ 15 ❍ 20 ❍ 25 Minuten Zeit.

78 + 19 = 97	65 − 48 = 17	5 · 3 = 15	9 · 4 = 36
57 + 24 = 81	47 − 38 = 9	7 · 5 = 35	9 · 8 = 72
64 + 28 = 92	54 − 45 = 9	9 · 8 = 72	6 · 5 = 30
33 + 47 = 80	77 − 29 = 48	8 · 5 = 40	7 · 7 = 49
56 + 36 = 92	83 − 36 = 47	2 · 7 = 14	1 · 6 = 6
25 + 18 = 43	96 − 57 = 39	3 · 6 = 18	3 · 7 = 21
76 + 14 = 90	62 − 44 = 18	8 · 4 = 32	4 · 8 = 32
24 : 3 = 8	40 : 8 = 5	12 : 4 = 3	40 : 10 = 4
12 : 6 = 2	42 : 7 = 6	40 : 4 = 10	45 : 5 = 9
40 : 5 = 8	36 : 9 = 4	45 : 9 = 5	32 : 8 = 4
42 : 6 = 7	14 : 7 = 2	32 : 4 = 8	63 : 7 = 9
36 : 4 = 9	20 : 4 = 5	16 : 2 = 8	20 : 2 = 10
14 : 2 = 7	24 : 6 = 4	20 : 10 = 2	24 : 4 = 6
72 : 8 = 9	12 : 3 = 4	24 : 8 = 3	27 : 9 = 3
20 : 5 = 4	63 : 9 = 7	27 : 3 = 9	12 : 2 = 6

Zeit: ____ Minuten Du hast ____ von 70 Aufgaben richtig im Kopf ausgerechnet.

Du hast die Gold-Prüfung ❍ gut bestanden. ❍ bestanden. ❍ noch nicht bestanden.